1回30秒！ 座ったままやせる！

足ぶみ下腹ダイエット

池田書店

はじめに

はじめまして、宮腰圭です
あなたの下腹へこませます！

一緒に
がんばりましょう！
私が見本を
見せます♪
どこまでへこむ？
3週間チャレンジを
チェック！

200以上ものメソッドを考案し、セルフメソッドの発明王と言われる

私は整体家で、東京・四谷で整体アカデミー「骨と筋」を運営しています。これまでに４万人以上の来院者の体の悩みを解決してきました。通院できない方や、来院者が自宅でもできるセルフメソッドを多数考案してきたため、「セルフメソッドの発明王」と呼ばれています。

踏むだけで下腹からやせていく！
エアステッパーダイエット
1日10分
歩き方を
変えるだけで
肩こりが
消える本
足を振るだけで
腰痛が
消える本
手のひらの向き

今までに、さまざまな本を出版。好評を得てきました。現在は自宅でも使える整体グッズも開発中です。

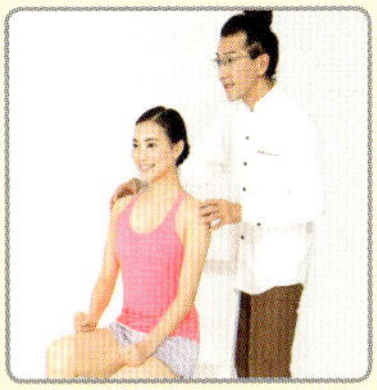

考案したメソッドがその人に合っているかどうか、その場で実践してもらいます。

私の整体院「骨と筋」のロゴマークです。私の施術は骨格と筋肉を同時に整えます。上に月と星、下に太陽で、地球と宇宙をイメージしています。

下腹をへこませて全身のバランスを整える

私の整体院では、施術にはあまり時間をかけません。必要な施術をしたあとは、来院者に合ったセルフメソッドを指導し、自ら動いてもらうようにします。

骨も筋肉も、全身くまなくよく動き、十分に使えてはじめて、よい状態が保たれます。かたよりがあると、痛みが出たり、スタイルがくずれてしまいます。それを継続的に防ぐには、自分で動くのがもっとも効果的です。

本書では、どんな下腹タイプの人でもへこますことができる、下腹解消メソッドを紹介しています。

座ったままできて、簡単でラクチンですが、1回30秒続けることで、下腹だけではなく全身のバランスも整えられる最強メソッドなのです。

どこまでへこむ？

足ぶみ下腹ダイエット3週間チャレンジ

下腹に悩む皆さんに3週間足ぶみ下腹ダイエット（→P38）に挑戦してもらいました！

※すべて個人の結果・感想であり、個人差があります。

1.

伊藤はる香さん
32歳・主婦

↓

気づいたらくびれができていてびっくり！

Before

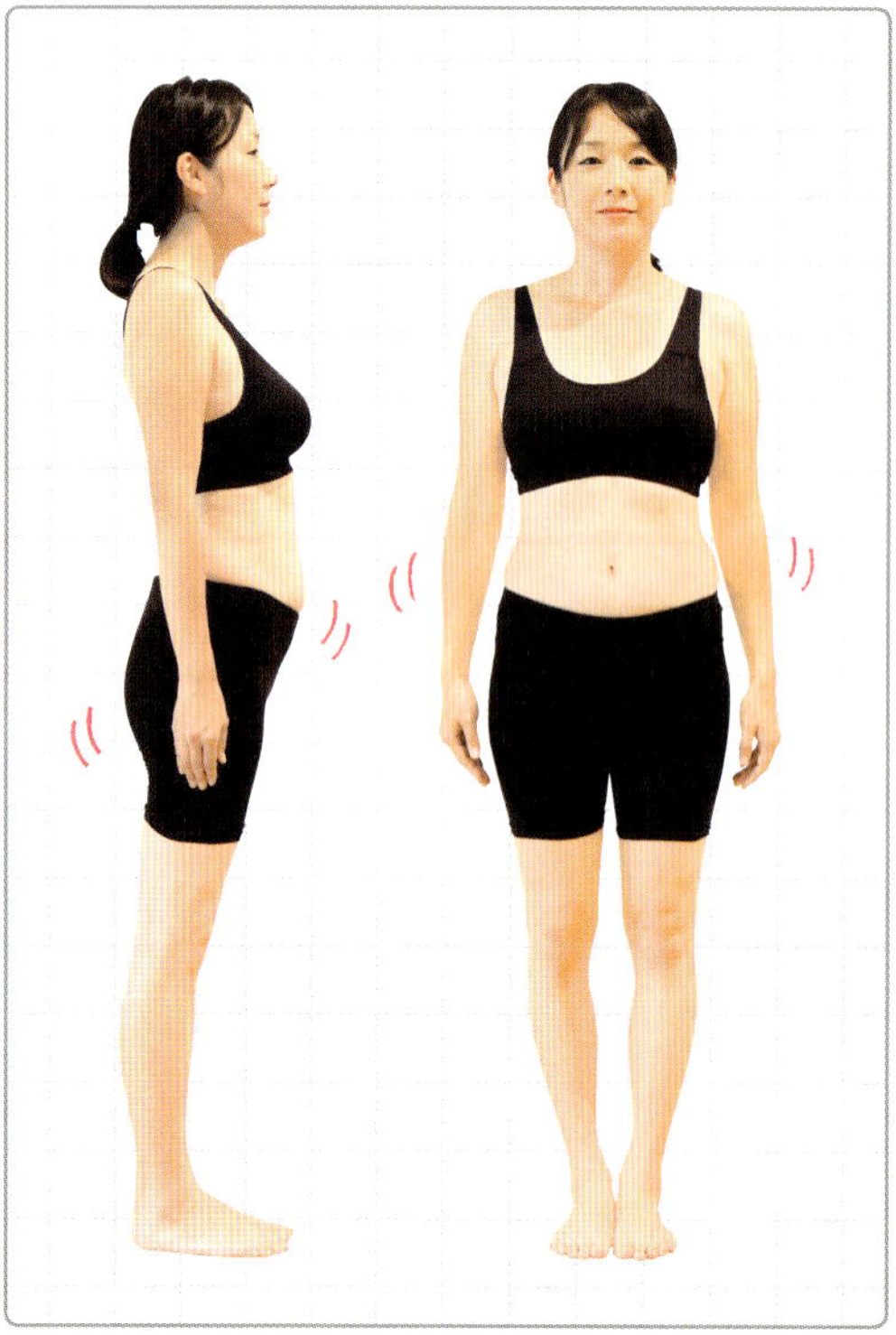

Before DATA（身長：163cm）

下腹	… 81.0cm	ウエスト	… 75.0cm
ヒップ	… 90.6cm	二の腕	… 29.2cm
太もも	… 52.6cm	もも	… 39.5cm
ふくらはぎ	… 31.2cm	体重	… 55.2kg

始める前の悩みは？

産後からだんだんと体重と下腹が増え、はけていたはずのスカートやパンツがキツくなってしまったこと。

１日の回数は？

起きてすぐと、寝る前に１回ずつ。あとは夕食後にテレビを観ながらなど、空いた時間に行いました。

こんなに変わった!

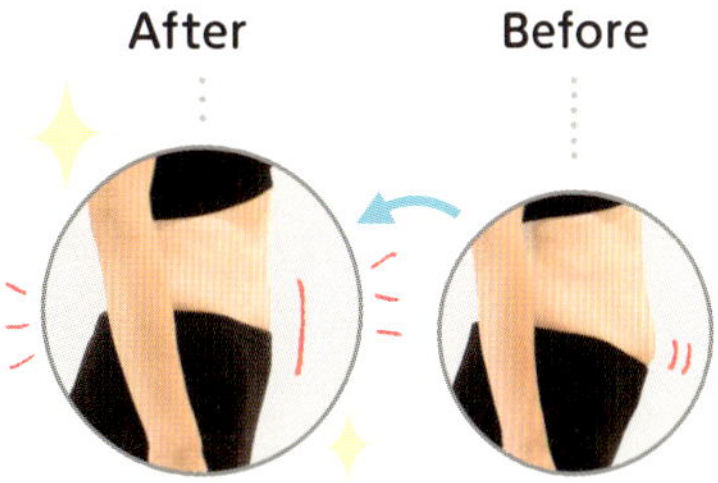

妊婦さんみたいに
飛び出していた下腹が消えた!

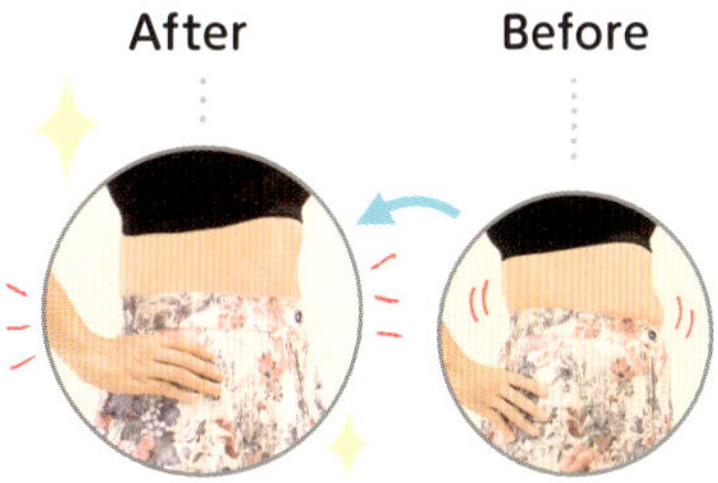

ゴムじゃない細身のスカートが
キレイにはけた!

After

After DATA

下腹	… 75.5cm	−5.5cm
ウエスト	… 68.5cm	−6.5cm
ヒップ	… 88.0cm	−2.6cm
二の腕	… 27.2cm	−2.0cm
太もも	… 52.5cm	−0.1cm
もも	… 35.3cm	−4.2cm
ふくらはぎ	… 31.2cm	±0.0cm
体重	… 54.1kg	−1.1kg

下腹 −5.5cm!!
ウエスト −6.5cm!!

パンツをはいても
お腹がはみ出なくなった!

足ぶみ下腹ダイエットをやっていると、お腹がじんわりと筋肉痛になります。とくに体を横に倒す動きが効いている感じがしたのですが、気づいたらくびれができていてびっくりしました。パンツをはいてもわき腹がのらず、下着の食い込みがなくなり、3週間後にはお腹がストンとまっすぐに!

2. 鬼頭淳子さん

51歳・会社員

体型を考えずに、着たい服を選べるように！

After　　Before

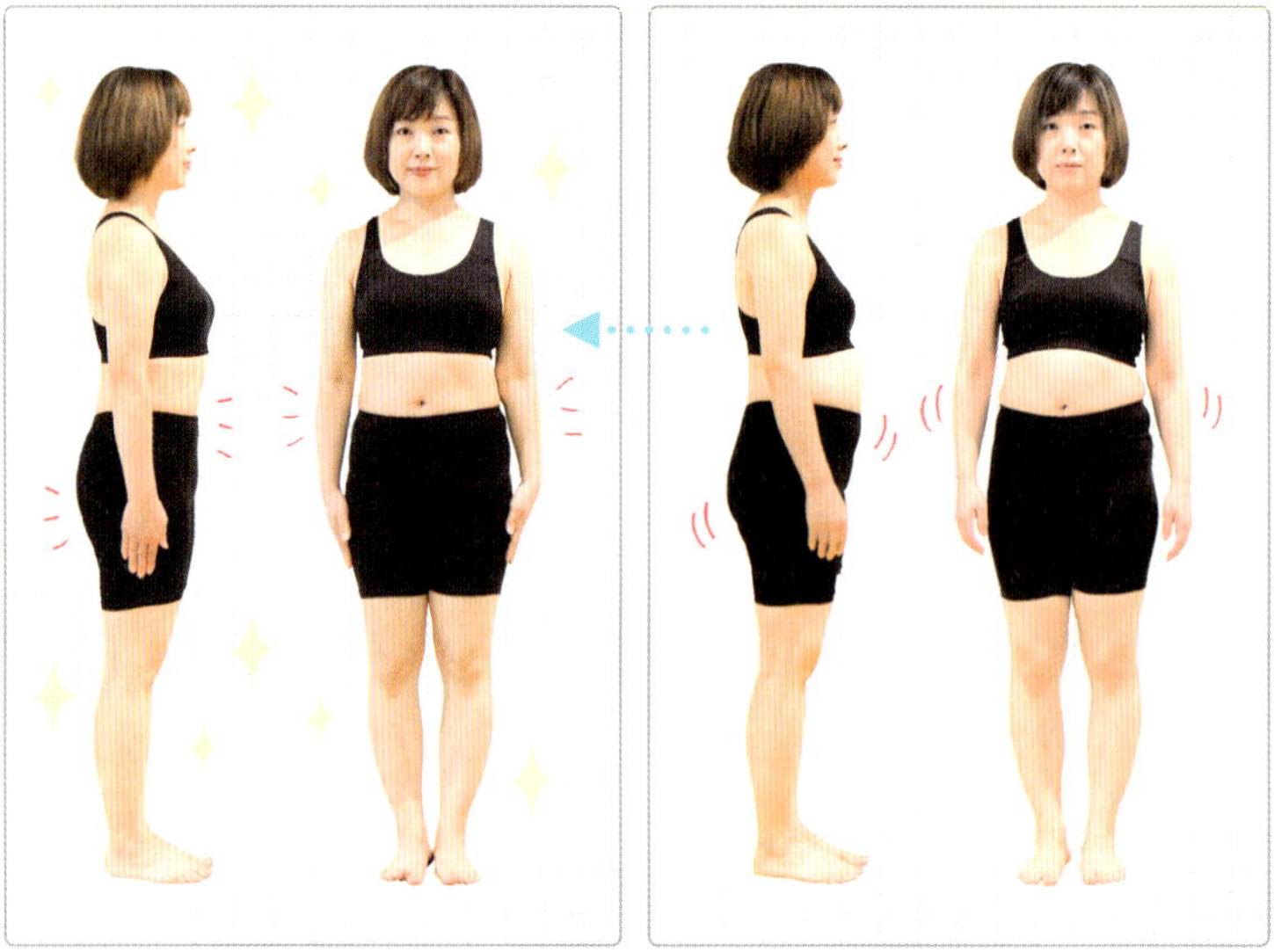

下腹 −5.1cm!!　ウエスト −7.1cm!!

こんなに変わった！

After　　Before

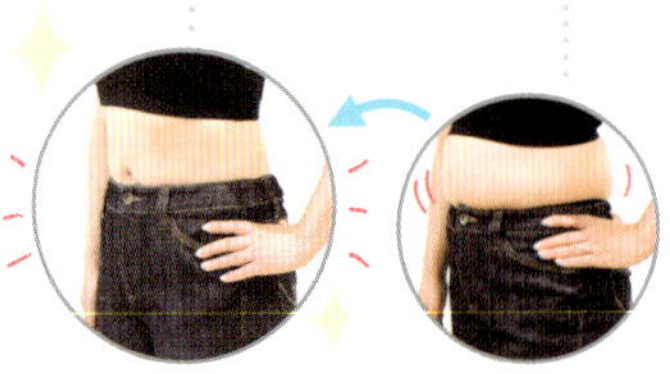

ウエストにのっていたぽっこりお腹が消えた！

これからも続けていきます！

基本は朝晩の１回ずつで、仕事や家事の合間のすき間時間に行っていました。足ぶみの動作に慣れてくると、こんなに簡単でいいのかなと不安になりましたが、きちんと効果が出てうれしいです！

DATA（身長：154cm）

下腹	83.0cm ➡ 77.9cm	−5.1cm
ウエスト	77.6cm ➡ 70.5cm	−7.1cm
ヒップ	92.1cm ➡ 89.5cm	−2.6cm
二の腕	29.8cm ➡ 27.5cm	−2.3cm
太もも	55.2cm ➡ 52.5cm	−2.7cm
もも	41.2cm ➡ 39.2cm	−2.0cm
ふくらはぎ	34.2cm ➡ 33.9cm	−0.3cm
体重	53.9kg ➡ 53.6kg	−0.3kg

3. 浅井基子さん

45歳・主婦

パーティ三昧だったのに効果バッチリ！

After

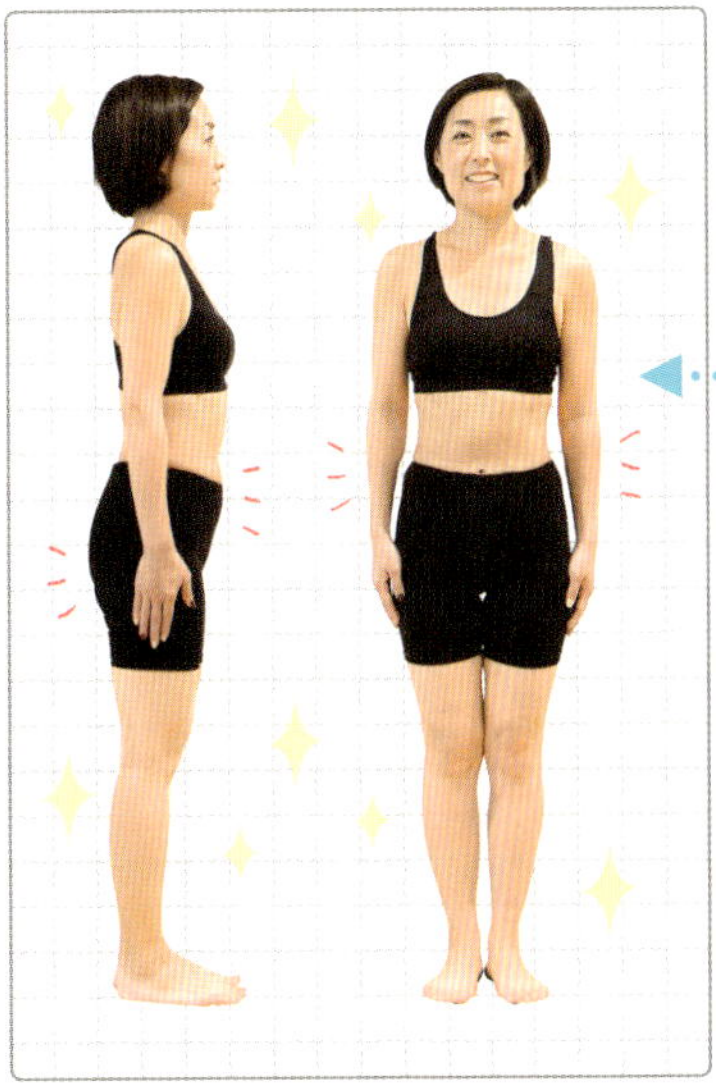

Before

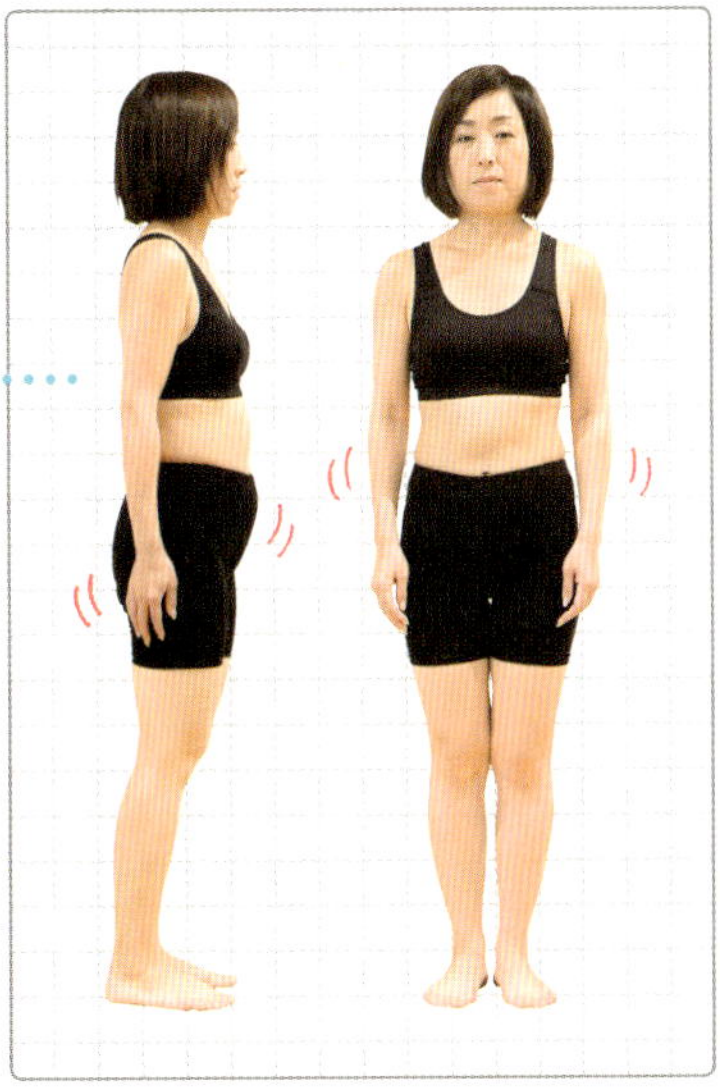

下腹 −3.1cm!!　ウエスト −4.3cm!!

こんなに変わった！

After　　Before

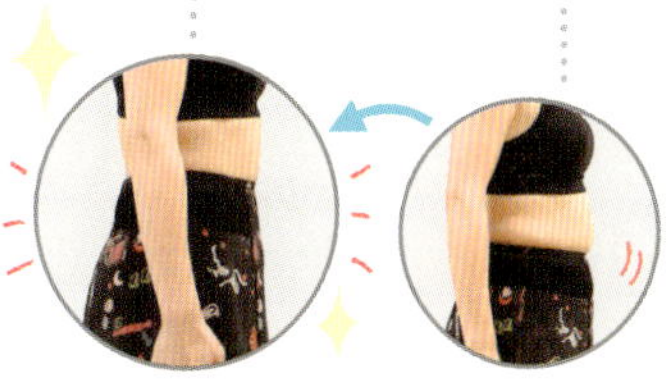

スカートのウエストが
回るくらいユルユルになった！

**食べて飲んでも
効果が出ました！**

ちょうどこのチャレンジを始めたときに、パーティや外食が続いてしまったんです。それなのに、体が引き締まって体重も落ちていたのにはびっくりしました。顔もスッキリしたと言われました。

DATA（身長：153cm）

下腹	… 70.9cm ➡ 67.8cm	−3.1cm
ウエスト	… 67.5cm ➡ 63.2cm	−4.3cm
ヒップ	… 86.3cm ➡ 83.2cm	−3.1cm
二の腕	… 26.0cm ➡ 25.6cm	−0.4cm
太もも	… 50.7cm ➡ 49.6cm	−1.1cm
もも	… 38.8cm ➡ 38.1cm	−0.7cm
ふくらはぎ	… 33.1cm ➡ 32.5cm	−0.6cm
体重	… 46.9kg ➡ 45.9kg	−1.0kg

CONTENTS

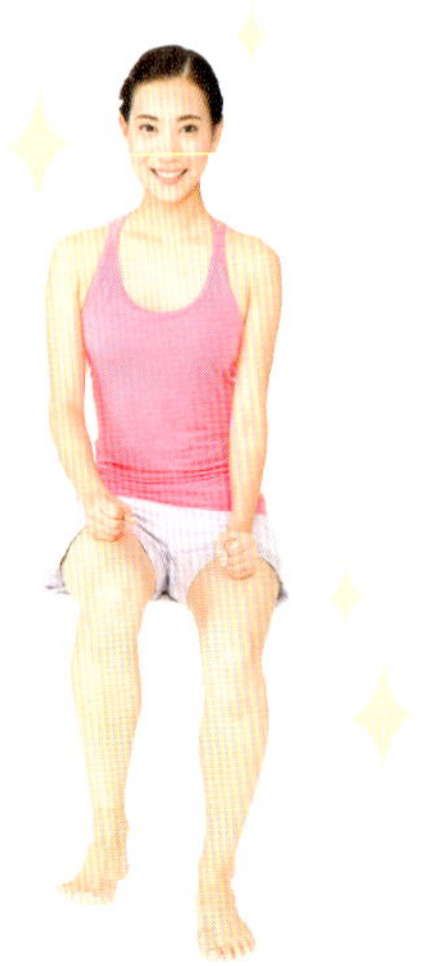

PART 4 日常生活から予防する下腹の出ない習慣

PART 1

体型変化の悩みのタネ…
下腹ぽっこりの犯人とは？

下腹って どうして出るの？

下腹をへこませる前に、
まずは下腹を出すその犯人（要因）を
探してみることから始めてみましょう。

太って見える最大の原因…下腹をへこませたい！

Aさん
スリムなのに
下腹！
ずっとスリムな体型で、食事だって気をつけてるのに〜！　事務職で毎日座りっぱなしだから!?
20代後半

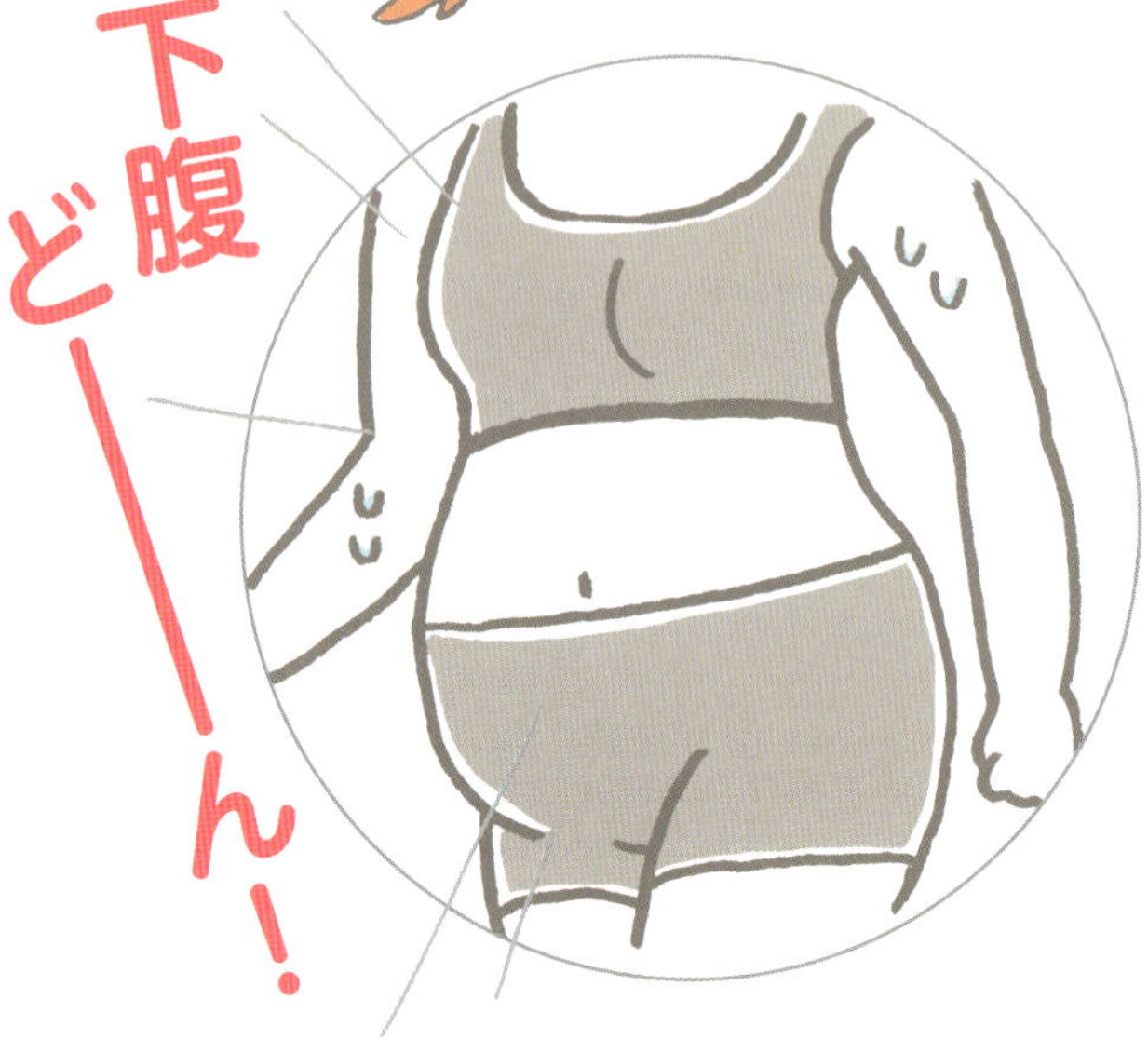
下腹どーーん！

加齢とともに下腹に悩む女性は増えていく

20代後半を過ぎてくると、下腹で悩む女性が多くなってきます。私のサロンにも、たくさんいらっしゃいます。

人は加齢とともに基礎代謝量（➡P21）が下がってくるので、脂肪が落ちにくくなります。そして、女性は子宮を守るために、クッションとなる皮下脂肪をたくわえがちです。なので、年齢が上がるにつれ、下腹が出てくるのはごく自然のこと

チェック
下腹

Cさん
飲み食い
大好きで
下腹！
ジムにもヨガにも
通って、体は鍛え
ているんだけど、
最近下腹が……。
お酒も大好きだ
からかなぁ〜。
40代後半
Bさん
年齢とともに
下腹！
産後太りからウン十年、
迫力のある下腹になってし
まった……。ご飯もついつ
い食べ過ぎちゃう……。
50代後半
Dさん
長年便秘で下腹！
体型は細いほうだけど、昔から冷
え性と便秘で、下腹はずっとぽっ
こり。運動はとくにしてません。
30代後半
Eさん
30代前半
産後太りで下腹！
浮き輪のような下腹がな
くならないし、産後はずっ
と便秘。運動する時間
もないし、やせられない！
下腹で悩む人は
多いけれど…
下腹の要因は
人それぞれ!!

とも言えます。

ただ、人はそれぞれ体型や状況、年齢も違います。同様に、つねに運動をしているはずなのに下腹が出ている人、やせているのに下腹だけ出ている人、全身が太っている人、産後太りの人など、お腹のぽっこり具合も人それぞれです。

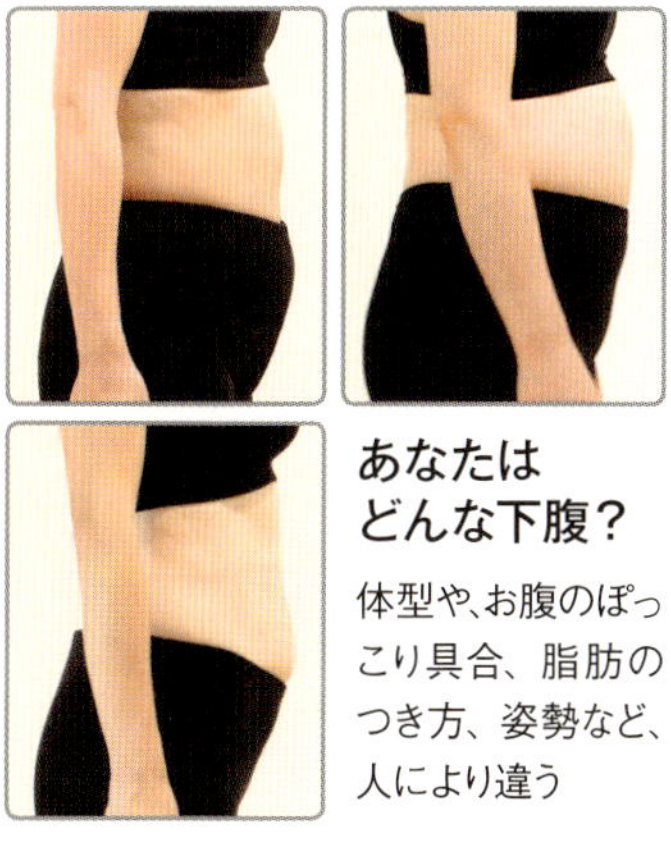

あなたはどんな下腹？
体型や、お腹のぽっこり具合、脂肪のつき方、姿勢など、人により違う

ため込み型の性質は同じでも、下腹が出る理由は人によって異なります。あなたの下腹には、その要因となった〝犯人〟がいるのです。

人によって下腹ぽっこりの犯人は違う!!

運動不足と座りっぱなし

お腹の筋力の低下と、仕事での座りっぱなしで骨盤が後傾し、内臓が下垂して下腹を押し出してしまった。

運動不足&骨格のゆがみ&皮下脂肪

加齢により基礎代謝量が落ち、出産後から長年運動も骨格ケアもしてこなかったので、どんどんやせにくい体になり、皮下脂肪により下腹が出てしまった。

犯人が1つなら下腹解消は簡単だけど…

たくさんの下腹に悩む人に触れてきた結果、私は下腹の犯人候補を4つに絞ってみました。

- 犯人その1「筋肉」
  筋力の低下で下腹が出ている
- 犯人その2「骨格」
  骨盤のゆがみで下腹が出ている
- 犯人その3「脂肪」
  皮下脂肪や内臓脂肪のつき過ぎで下腹が出ている

骨盤のゆがみと排便する筋力の低下

妊娠・出産により骨盤がゆがんで内臓が下垂。ホルモンの乱れと骨盤底筋の筋力低下により便秘が慢性化し、下腹が出てしまった。

飲酒と食事によるカロリーオーバー

運動をしているのに、飲酒や脂っこい食事などが原因で脂肪（内臓脂肪・皮下脂肪）が増えて、下腹が出てしまった。

さまざまな要因が絡み合っている

下腹の犯人は複数いる!

便秘と運動不足による腹部突出

慢性的な便秘による便とガス、お腹まわりの筋力が弱いことによる内臓下垂が原因で、下腹だけぽっこりと出てしまった。

●犯人その4「便秘」
便とガスのたまり過ぎで下腹が出ている

多くの人はこれらの犯人のうち、複数があてはまるはずです。

テレビや本で、下腹の原因や下腹ダイエットのエクササイズがたくさん紹介されていますが、ほとんどが「原因はこれだ!」と1つに限定していると思います。「そうか」と思うこともあれば、「?」と思うこともあるはずです。下腹が出る要因は人によってそれぞれですから、あてはまらないこともあって当然です。

では、今のあなたの下腹にはどの犯人があてはまるか、これから4つの犯人を紹介するので、考えてみてください。自分の下腹の犯人を見つけ、意識することで、下腹をへこませる効果を上げることができます。

下腹ぽっこりの犯人 お腹まわりの筋肉 その1

お腹まわりの筋力低下で、内臓が突出し、下腹が出る

筋力不足で内臓が下垂している状態

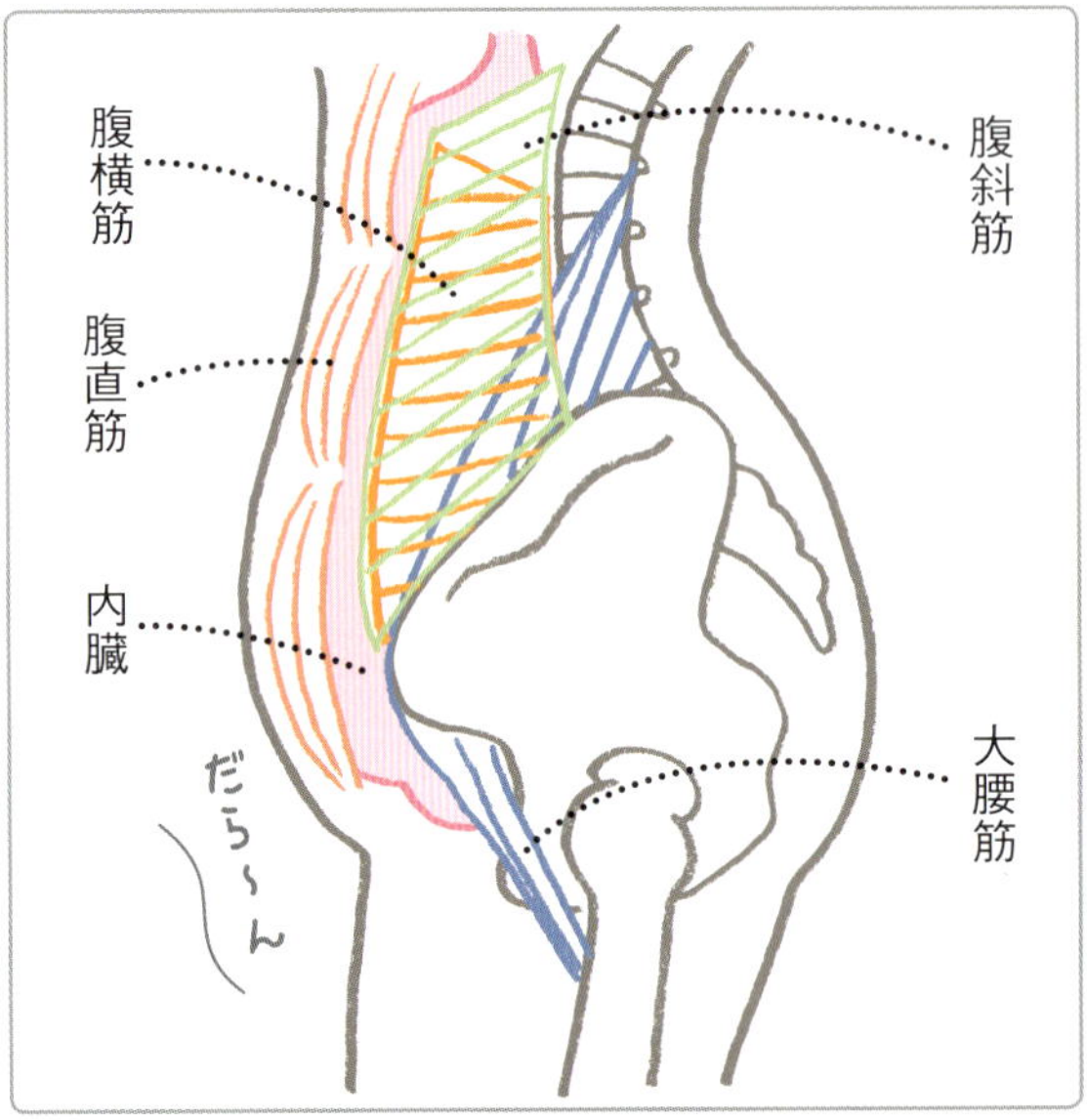

腹横筋
腹直筋
内臓
腹斜筋
大腰筋
だら～ん

内臓を前から支えていた腹部の筋力が低下し、内臓が下垂して前に出てしまう。さらに骨盤周辺の筋力低下により骨盤がゆがみ、内臓下垂が進む悪循環に。

筋力が低下すると内臓が下垂し、骨格がゆがむ

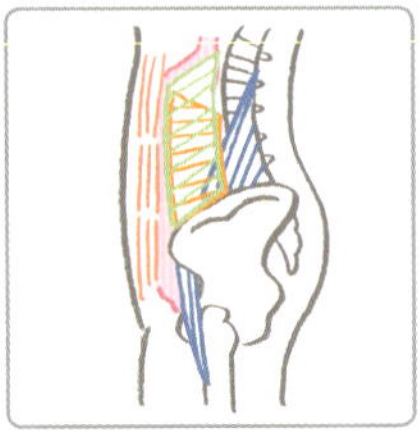

内臓が正常におさまっている状態

大腰筋がピンと張り、骨盤がかたむかず、内臓は腹筋で前と左右から支えられている

下腹の犯人1は「筋肉」です。お腹まわりで骨盤と内臓を支えてきた4つの筋肉（大腰筋、腹直筋、腹横筋、腹斜筋）の筋力が低下してゆるみ、骨盤が前後にかたむいて内

マッスル

下腹ぺたんこさんは…

❶〜❹の筋肉が
ストッパーに
なっている!

下腹の原因となる内臓をガードする筋肉とは?

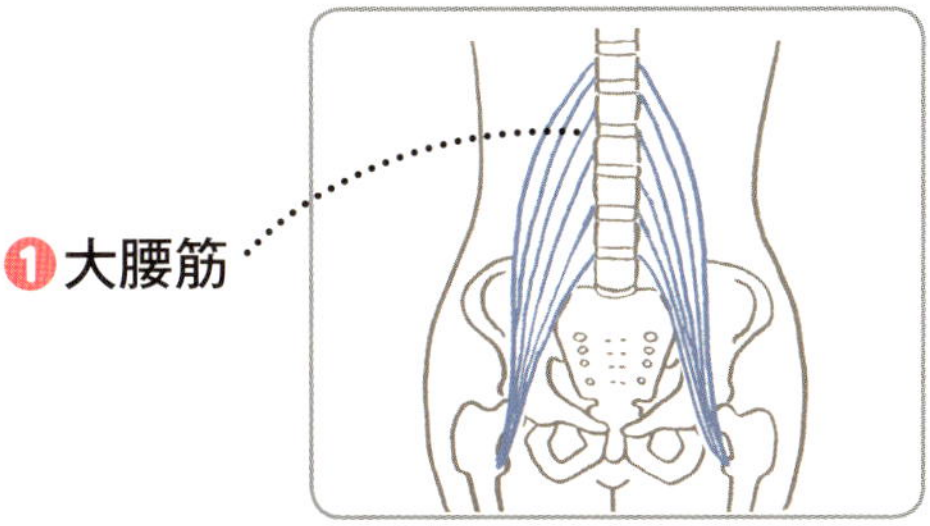
❶大腰筋

腰椎（背骨）から股関節にかけて骨盤を前側で支え、体の上下をつないでいる筋肉。筋力が低下すると、骨格がゆがむ原因になる

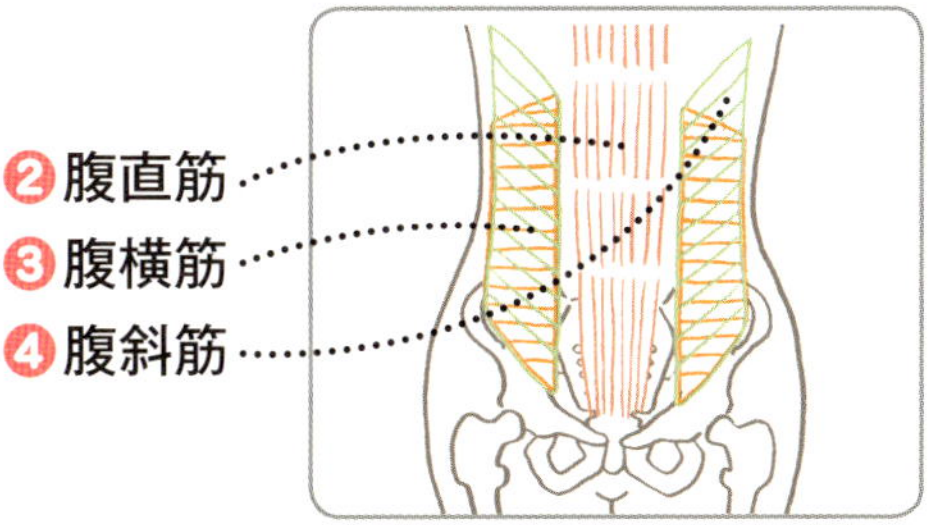
❷腹直筋
❸腹横筋
❹腹斜筋

腹部のもっとも前側（❷）、もっとも内側（❸）、側面（❹）で、骨盤と内臓を支えている腹筋。筋力が低下すると内臓を支えられなくなる。

臓が下垂します。また、腹部を支えてきた筋力が低下すると、さらに内臓が前方に下垂し、下腹が出てしまうのです。

【筋力低下の主な要因は…】

●運動不足によるもの
動かないと筋肉は落ちてしまう

●姿勢によるもの
腰の反り過ぎや、内股、猫背など、極端な姿勢をとることにより、使われない筋肉が低下する

●加齢によるもの
年齢を重ねるにつれて、自然と筋力が低下する

ただし、生まれつきの体質や遺伝により筋力が弱いなど原因はさまざま。日常のなかでなるべく体を動かし、軽い運動などをして筋力低下を防ぎましょう。

下腹ぽっこりの犯人 その2 骨盤を中心とした骨格

骨盤がゆがむことにより、内臓が下垂し、下腹が出る

骨盤のゆがみで内臓が下垂している状態

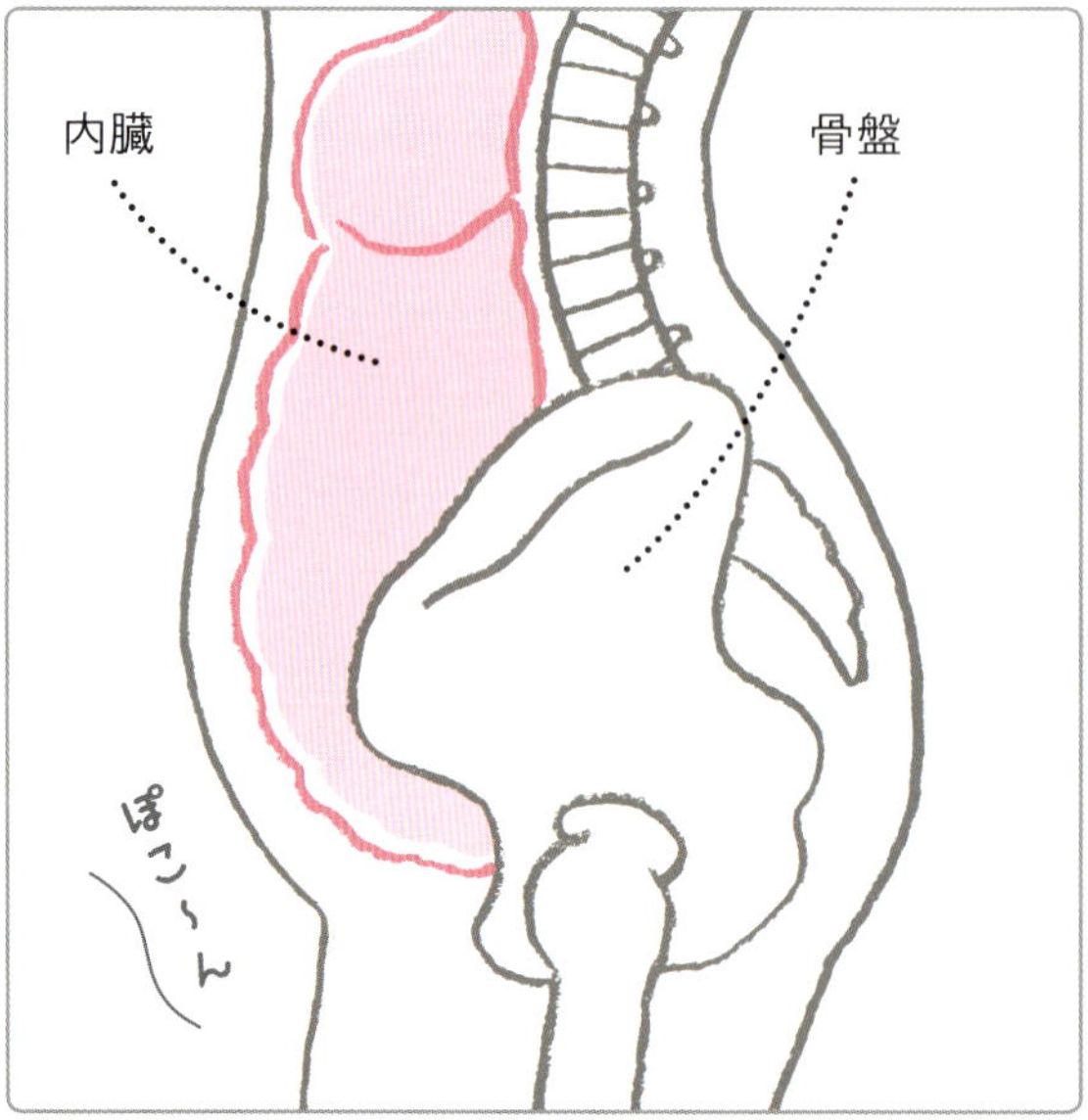

加齢、日々の生活習慣、環境要因などで骨盤がゆがみ、前傾・後傾することによって、骨盤と筋肉で支えられていた内臓が前に下がり、下腹が出る。

骨格は日々整えないとゆがんでかたむいてくる

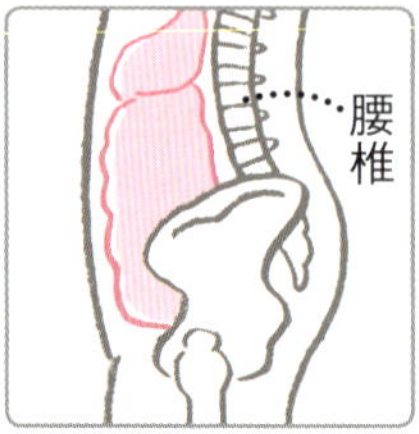

内臓が正常におさまっている状態

腰椎が軽く反り、骨盤がやや前傾している状態が理想。内臓を正しい位置に支えている

犯人その2は「骨格」です。とくに体の中心にあり、全身の骨格のバランスを保っている「骨盤」です。骨盤がゆがんで、前傾・後傾することで、骨盤と筋肉で支えていた内

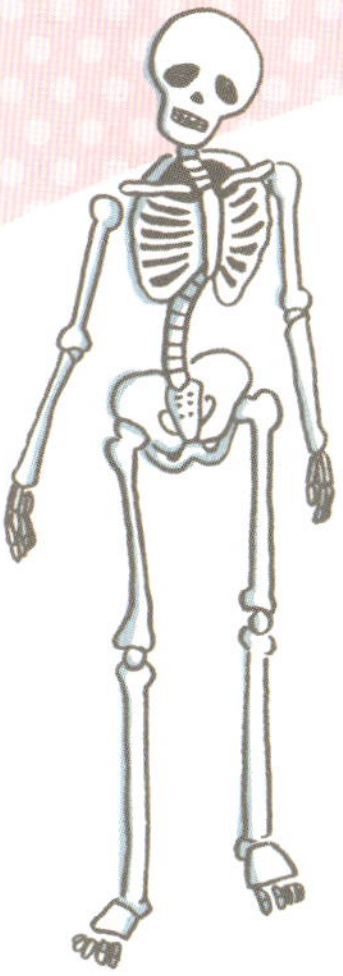

さらに…

全身がゆがむ!!

体の中心にある骨盤がゆがむことで、全身のバランスがくずれる。

〈骨盤後傾〉タイプの人は…

〈骨盤前傾〉タイプの人は…

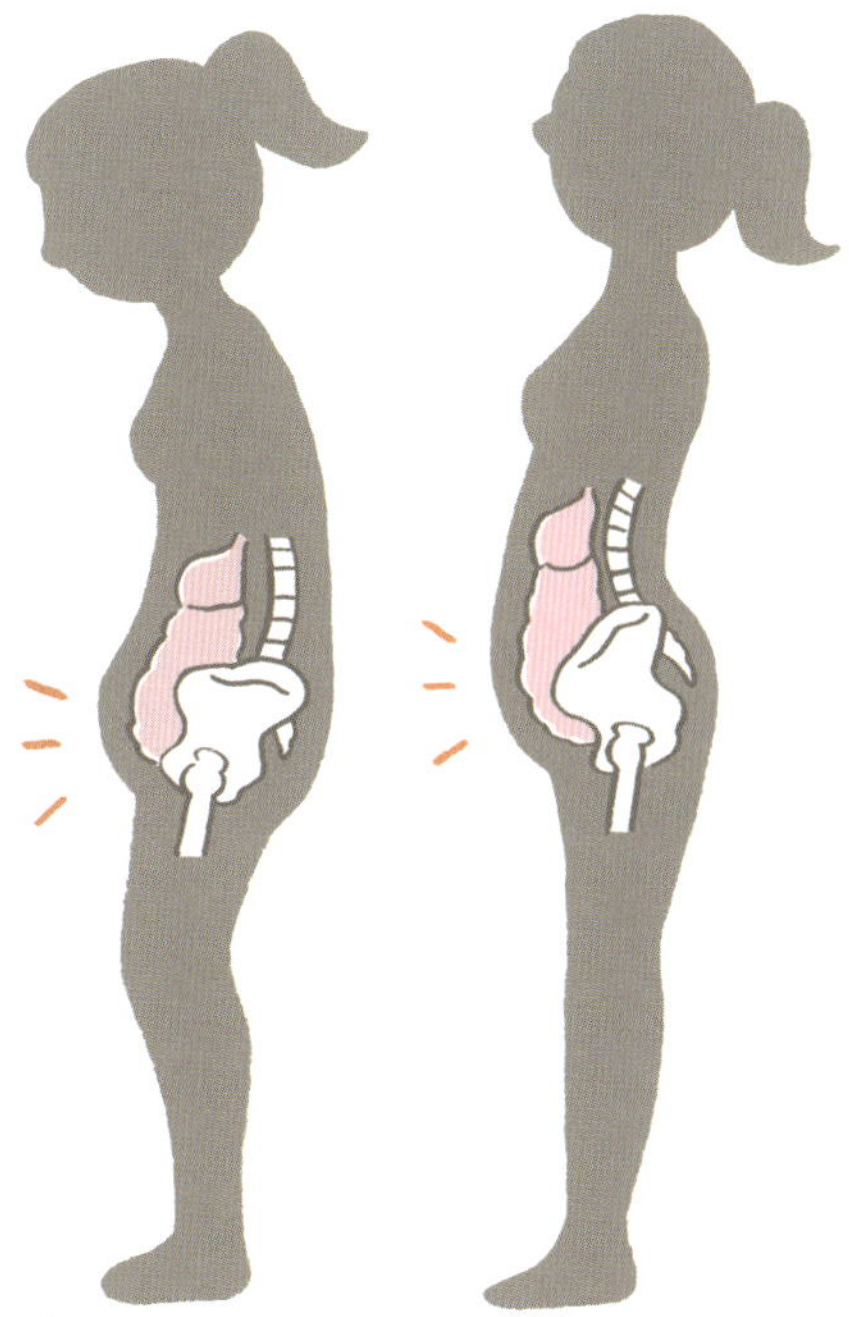

骨盤が後傾して筋肉がゆるみ、内臓が前方に下垂している

骨盤が前傾し過ぎて反り腰になり、内臓が下垂し、腹部も突出

あなたはどのタイプ？

骨盤チェック

P.53へ

臓が前方に下垂し、腹部を押し出して下腹となってしまうのです。

【骨盤前傾・後傾の主な要因は…】

- お腹まわりの筋力の低下
骨盤と一緒に内臓を支えている腹部の筋力が低下したこと
- 姿勢によるもの
長時間の座り仕事や、腰椎を反らせ過ぎた立ち方
- 出産によるもの
骨盤が開き、ゆがんでしまった
- 加齢によるもの
年齢を重ねるにつれて、自然と骨盤がゆがんだ

筋力のある人は骨格がゆがみにくい傾向にありますが、ヨガなど日々の骨格ケアをしなければ、程度の違いはあれ、どんな人でも骨格は自然とゆがんでいってしまいます。

下腹ぽっこりの犯人 その3 どんどんたまる脂肪

脂肪が増えれば増えるほど下腹が成長する!

脂肪がつき過ぎている状態

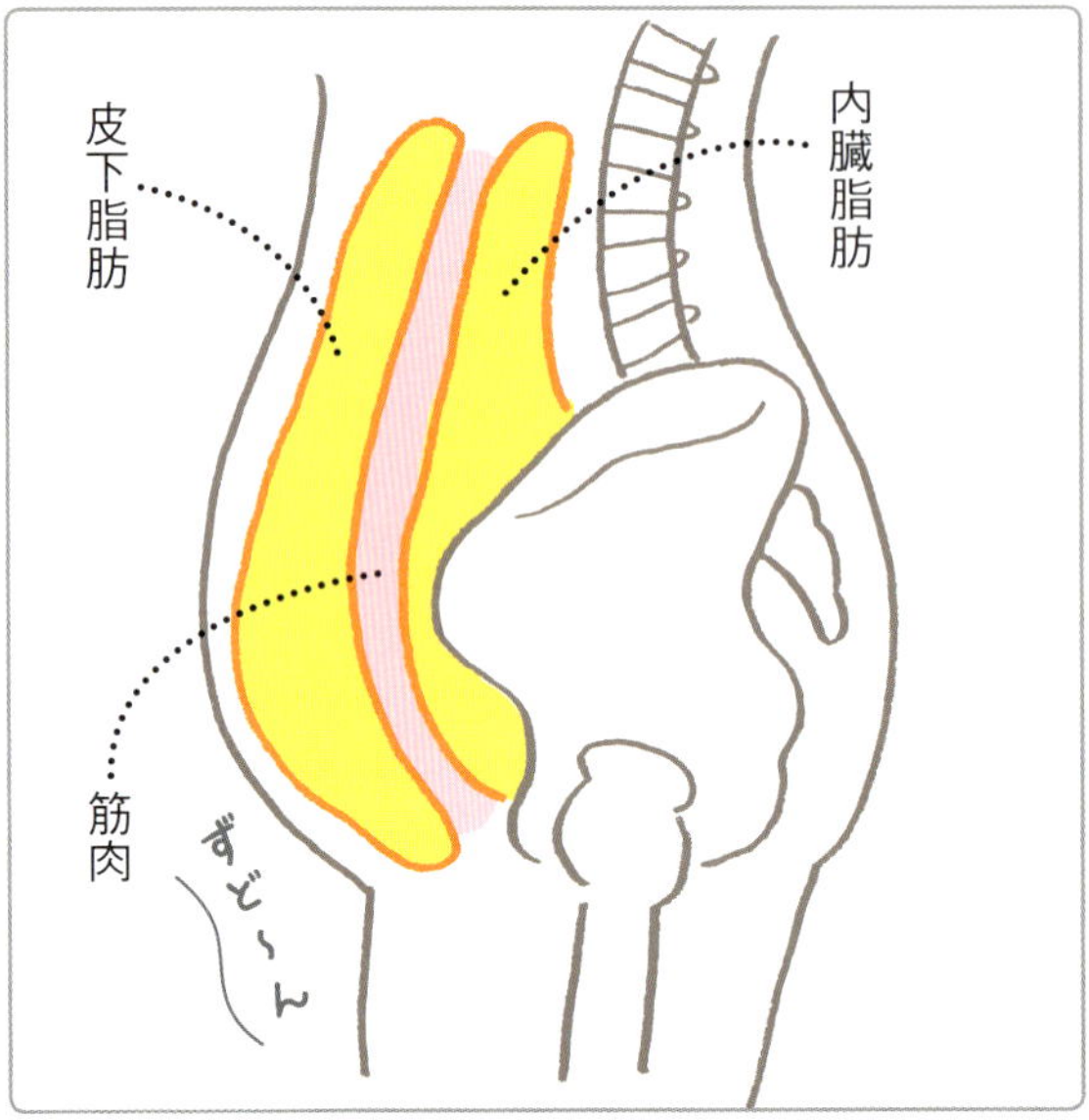

加齢により皮下脂肪・内臓脂肪が多くなり、下腹の原因となることが多い。年齢を重ねると、基礎代謝量が下がってくるので、脂肪が落ちにくくなる。

基礎代謝が落ちると脂肪はどんどんたまる

犯人の可能性として、やはり多いのが「脂肪」です。

脂肪には皮下脂肪と内臓脂肪があります。皮下脂肪は指でつまむことができ、おしりや太ももが太くなり、

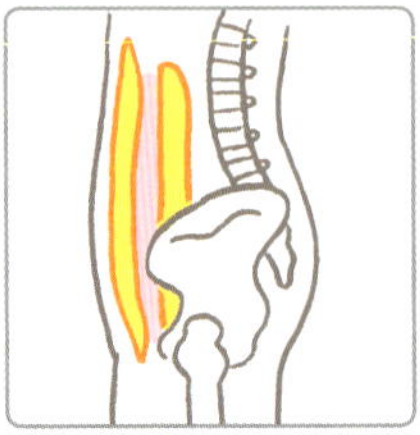

脂肪が標準的についている場合

内臓や子宮を守り、体温を維持するのに必要な量の脂肪だけがついている

下腹ぽっこりの原因になる脂肪は2種類ある！

皮下脂肪

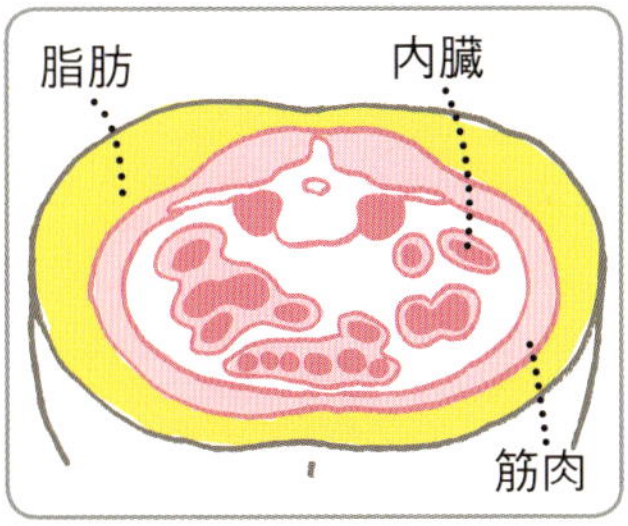

全身の皮膚の下につく脂肪で、指でつまむことができる。女性につきやすく、内臓脂肪よりも落ちにくい。原因は過食、運動不足など。

内臓脂肪

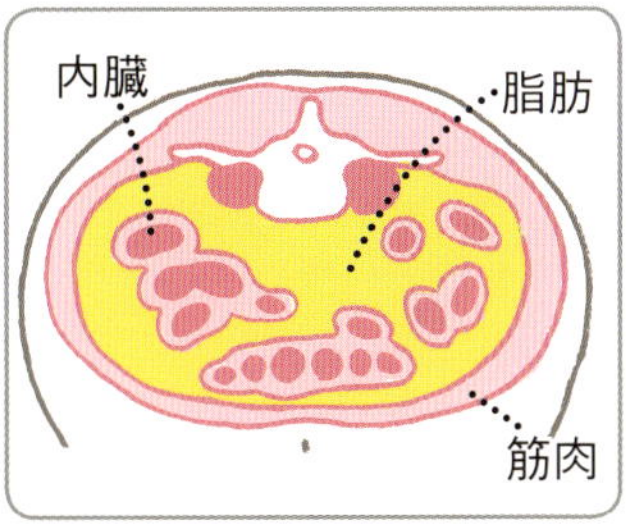

内臓のまわりにつく脂肪で、指でつまむことができない。飲酒や脂っこい食事でつきやすくなり、生活習慣病の原因にもなる。

だからと言って無理な食事制限は…

絶対NG!!

ついてしまった脂肪、とくに皮下脂肪は食事制限だけでは落とせません。必要な栄養素はしっかり摂り、基礎代謝量を上げましょう。

ぷよぷよとした洋梨型の体型になります。内臓脂肪が多い人はお腹まわりに脂肪がたまり、りんご型の体型になりやすいと言われています。

女性はホルモンの影響で水分や栄養素をため込む体質になるため、加齢で基礎代謝量が落ちると、とくに皮下脂肪が落ちにくくなり下腹が出やすいのです。内臓脂肪によるぽっこりお腹は男性にも多く見られます。

脂肪を落とすには、無理な食事制限をするよりも、筋肉をつけて基礎代謝量を増やすほうが効果的です。

【基礎代謝量とは…】

なにもしていなくても消費されるエネルギーのこと。高いほうが脂肪がよく燃焼する

【基礎代謝量を増やすには…】

運動をして筋力をつける、呼吸を深くして血流を促すなど

下腹ぽっこりの犯人 その4
たまった便とガス

大腸にたまった便とガスの重みで下腹が出る

腸内に便とガスがたまり過ぎた状態

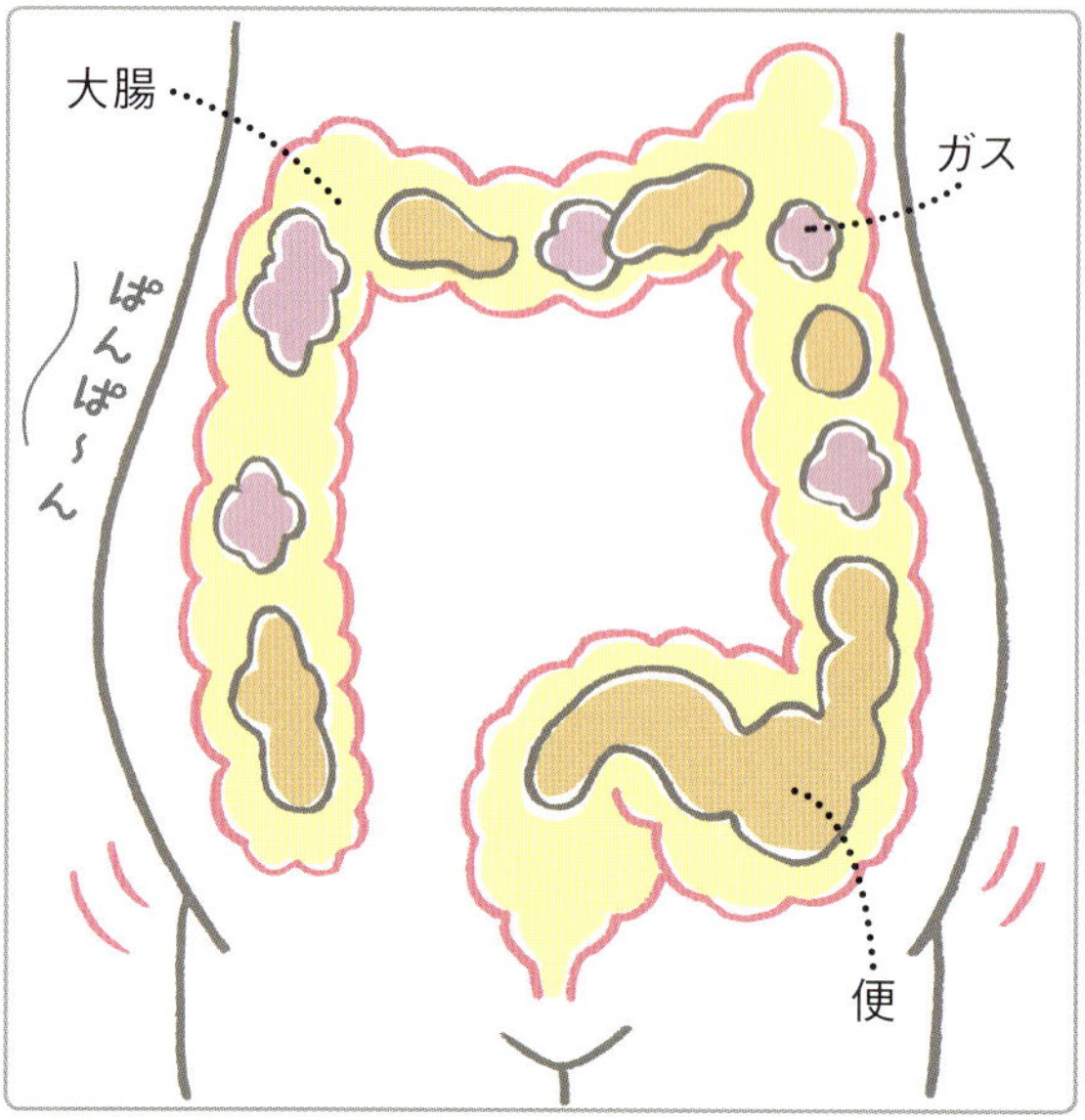

慢性的な便秘の場合、たまった便とガスの重みで大腸が下垂し下腹部を押してしまうことで下腹が出る。また、ガスがたまることで、大腸が膨隆し、さらに下腹が出る。

便とガスがたまり、腸が下垂・膨隆する

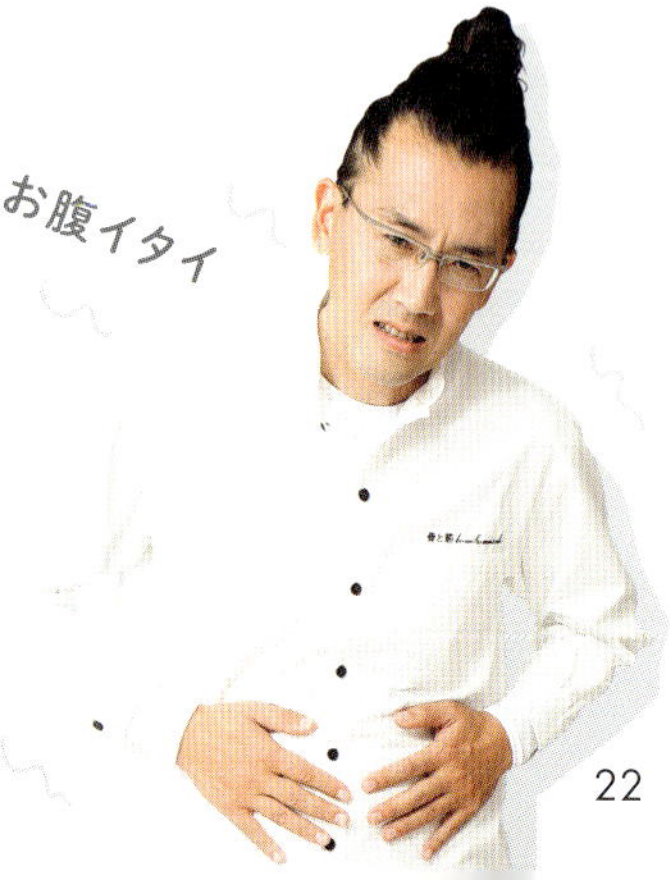

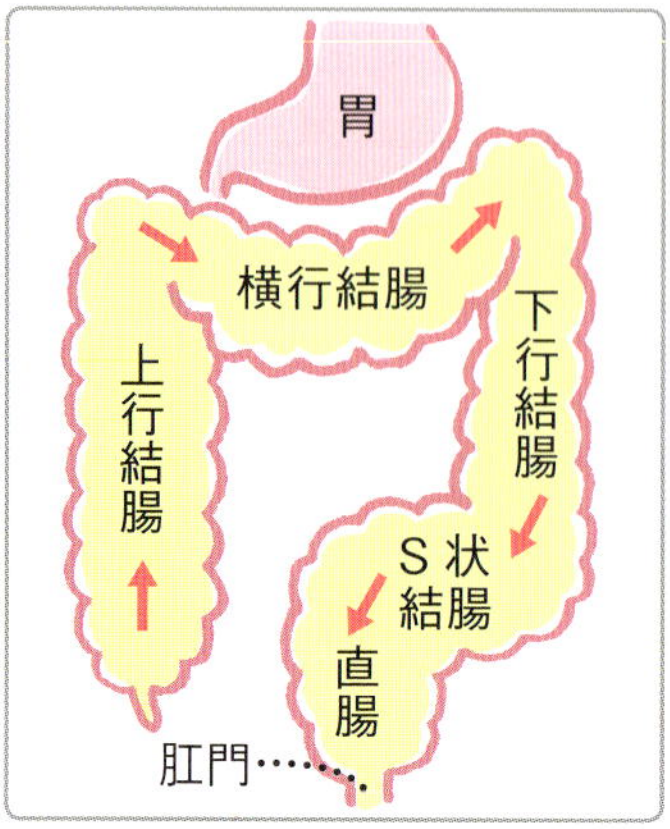

大腸は消化物の水分を吸収しながら便を作り、肛門で排泄されるまで

たまった便は消えてなくならない!!

ファスナーがしまらない…

ある程度腸内の酵素で分解されるものの、出さない限りはなくならない。

原因は…

生まれつきの体質

生まれつき腹圧が弱いなど、理由はさまざまだが、親などが便秘体質だと遺伝的要因から便秘になることは非常に多い。

女性ホルモンの影響

女性は月経前には女性ホルモンのプロゲステロンの分泌量が増加し、ため込み型の体になるため便秘がちに。妊娠・出産、更年期によるホルモン変化も同様。

排便を習慣化できていない

便意を感じても我慢してしまう、1日1回トイレで排便をする習慣がないなど、排便を習慣化できていないと、ますます便秘が悪化。

自律神経の乱れ

便意は副交感神経が優位なとき、リラックス状態で起きる。不規則な生活やストレスによって自律神経が乱れていると、交感神経が活発になり便意が抑えられてしまう。

など…

便意を習慣化させよう

正しい排便習慣

P.92へ

にためておく器官です。上行結腸、横行結腸、下行結腸を経て作られた便は、S状結腸、直腸に留まり、排泄されるのを待ちます（右図参照）。

便秘で便が排泄されないと、重みによって大腸が下垂し、前方に押し出されて下腹が出ます。また、たまったガスで大腸が膨らみ、下腹がパンパンに張ってしまいます。

便秘の根本的な解決方法は、大腸の蠕動《ぜんどう》運動を制御している自律神経（とくに副交感神経➡P49）をコントロールし、蠕動運動が活発になるよう促すことです（➡P92）。

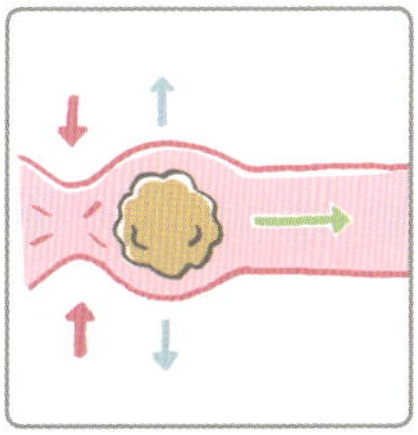

大腸の蠕動運動

大腸が伸びたり縮んだりをくり返しながら、消化物を移動させ、便を肛門へ運ぶ運動のこと

あてはまる犯人をすべてやっつけないと 下腹はへこまない!!

筋肉　骨格

Aさん　どっちもやらないとダメ?

筋肉　骨格　脂肪

Bさん　運動はなかなか続かなくて…

脂肪

Cさん　ビールやめられませ~ん

便秘　筋肉

Dさん　激しい運動は苦手…

骨格　筋肉　便秘

Eさん　ケアする時間ないし…

大丈夫ですよ!

すべての犯人にアプローチする最強下腹メソッドがある!!

続きは
PART2へ

ライフスタイルにより犯人は変わっていく

自分の下腹の犯人を把握することは非常に大切です。下腹が出る要因を理解し、意識することで下腹をへこませる効果は格段に上がります。

ただ、犯人は減ったり増えたり、変わっていきます。妊娠・出産で骨盤がゆがめば「骨格」、食べ過ぎて太ってしまったら「脂肪」と、ライフスタイルによって変化します。

ならばということで、「筋肉」「骨格」「脂肪」「便秘」の下腹の犯人に同時にアプローチするメソッドを作りました。それぞれに特化したメソッドはありますが、もし犯人の特定が間違っていたら、努力が無駄になり、体を疲弊させるだけになります。さぁ、次のパートへ進みましょう！

column1

下腹が出るNG習慣とは？

定期的に体を動かしていない

筋力が弱くなると、全身の骨格のバランスがくずれて、骨がゆがみます。定期的に体を動かして筋力をつけ、ヨガなどの運動で骨格ケアをするように心がけましょう。

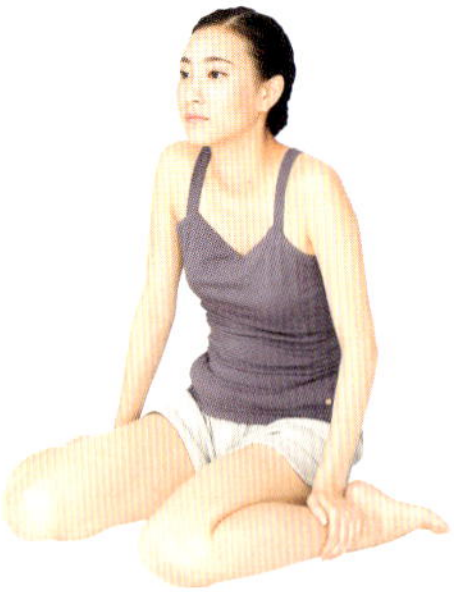

日常生活であまり動かずに筋力が弱まると、骨格がゆがみ、下腹が出やすくなります。

食生活に気をつかっていない

どんなに日々運動していて、さらに基礎代謝量が高いとしても、食べ過ぎ・飲み過ぎの習慣は脂肪を増やします。

姿勢がかたよっている

立ってばかり、座ってばかりなど、姿勢がかたよっていると、体のバランスがくずれて骨がゆがみ、下腹が出てしまいます。

座っている時間が長いと、骨盤が後傾しやすくなります。

クセのある立ち方は、骨格をゆがませます。

PART 2

がんばらずに続けられる!!
足ぶみ下腹ダイエット

足ぶみだけで
下腹の犯人をやっつける！

大変で時間のかかる
エクササイズが嫌いな人にもオススメ！
1回30秒足ぶみするだけで、
下腹の犯人全部をやっつけます。

ラクチンなのに、
やせちゃいます♪
1.2.3.4.5.6.7.8~

すべての犯人をやっつける…

それが…

足ぶみ下腹ダイエット

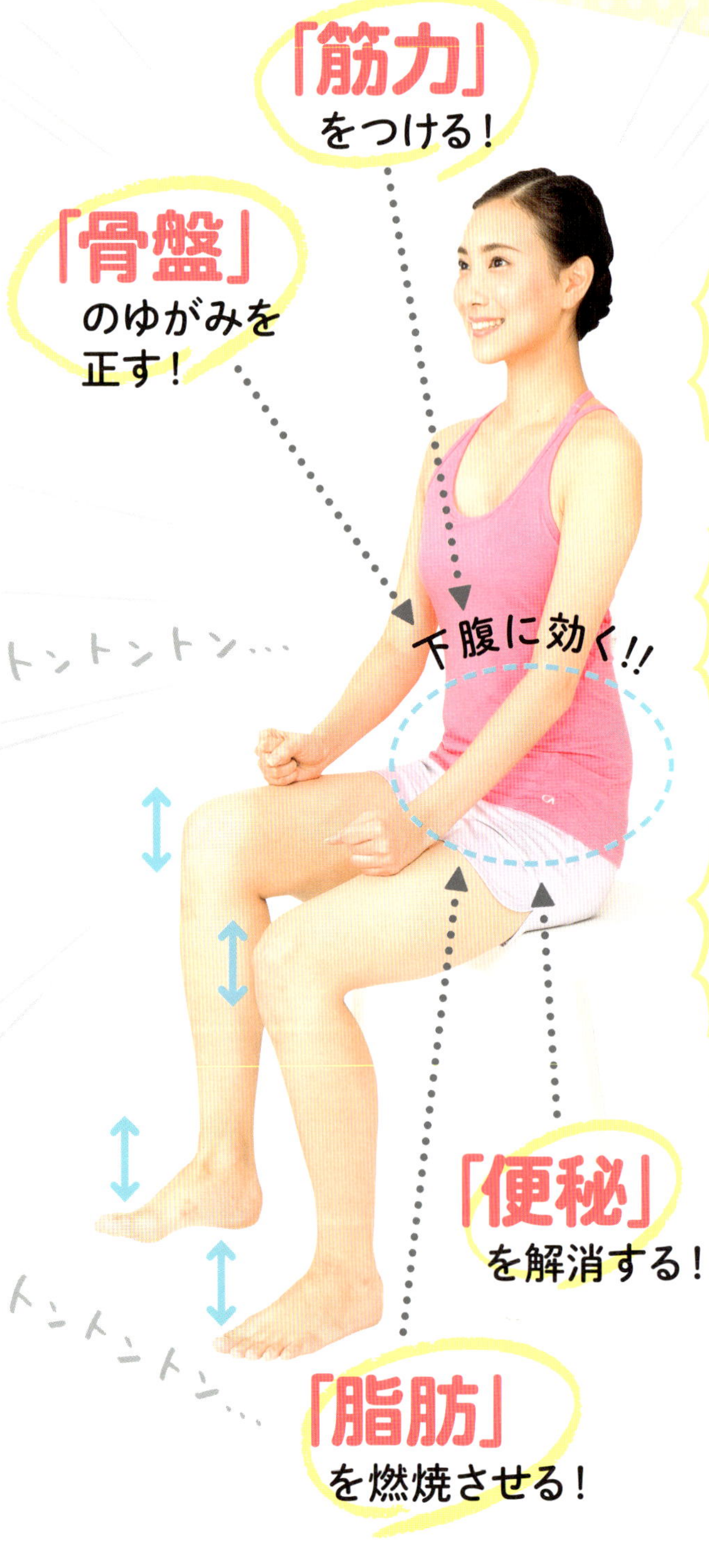

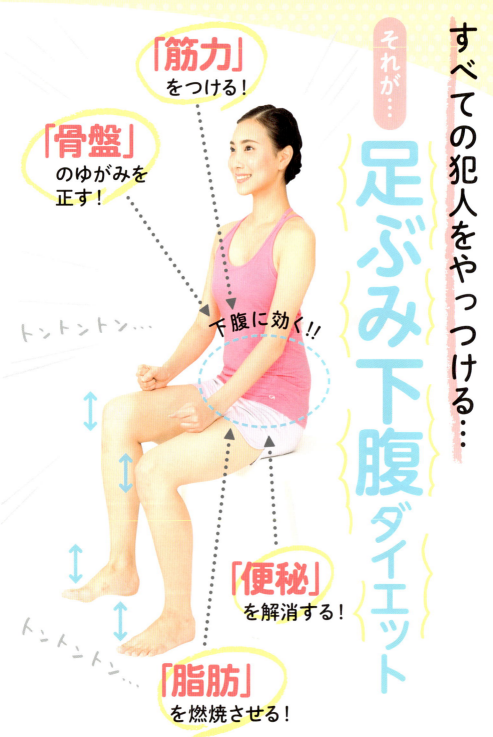

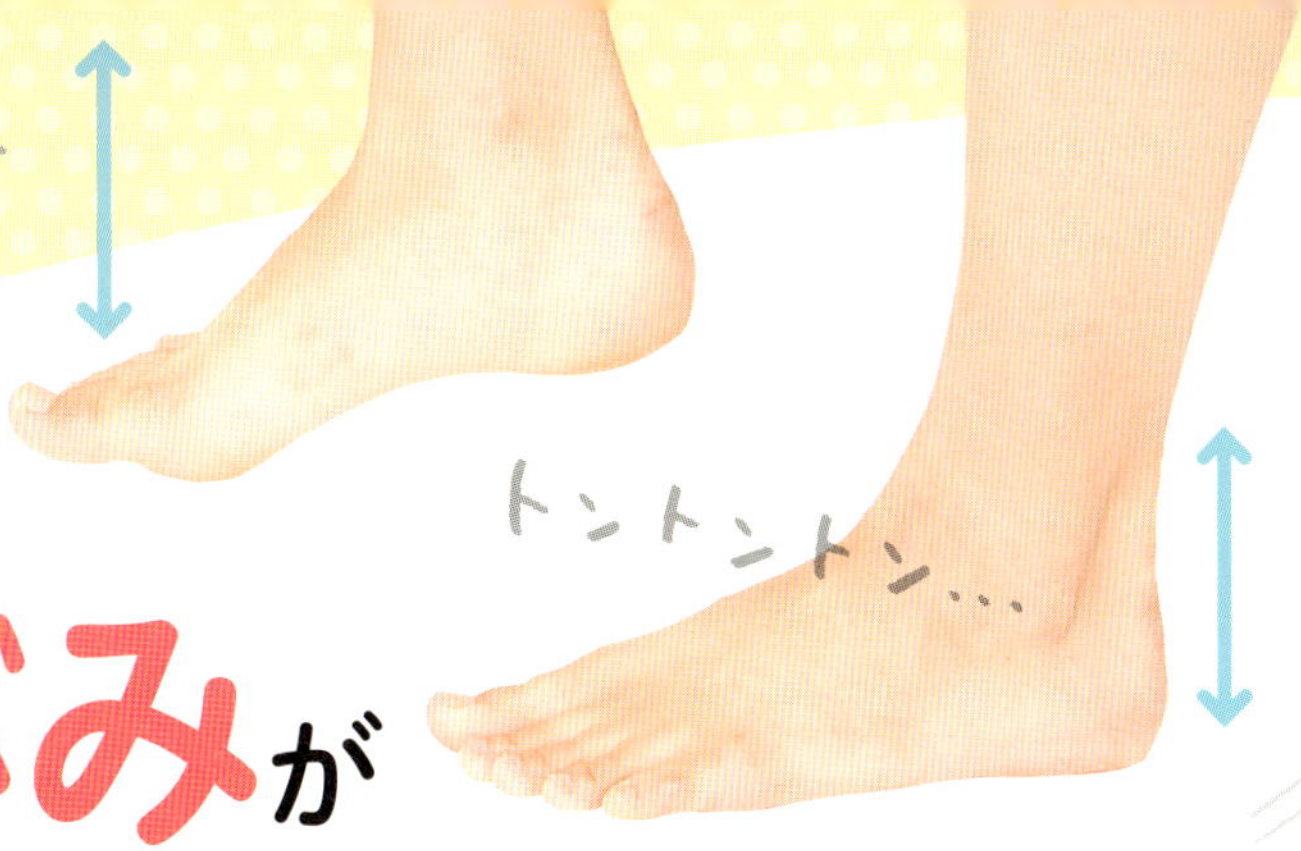
トントントン…
トントントン…

足ぶみが 4つの犯人に同時にアプローチ!!

筋肉
骨格
脂肪
便秘

これだけでいいなんて…!!
WOW!

足ぶみで下腹の犯人を同時にふみつぶす!

すでにお気づきかもしれませんが、下腹の4つの犯人はそれぞれに関係し合っています。

骨格を整えたとしても、筋力が弱まれば、また骨格はゆがみます。骨格と筋肉が整っても、脂肪が増えて体型がくずれれば、またゆがみます。

下腹の解消本は「骨盤ケア」「筋力アップ」など犯人に個別に対処するものが多いですが、私が考案した「足ぶみ下腹ダイエット」は同時にすべての犯人を撃退します。しかも「足ぶみ」だけで!!

犯人全部を同時によい方向へみちびいてあげると、さらによい結果を生みだします。骨格と筋肉が整い、血行がよくなると便秘も改善され、脂肪も燃焼されやすくなるのです。

イスに座って1回30秒！どこでもできて簡単

イスに座ったまま、ラクな姿勢で足ぶみするだけ

- 座りながら！
- いつでも！
- どこでも！
- 何度でも！
- 道具不要！

日々、足ぶみを続けることが成功の秘訣！

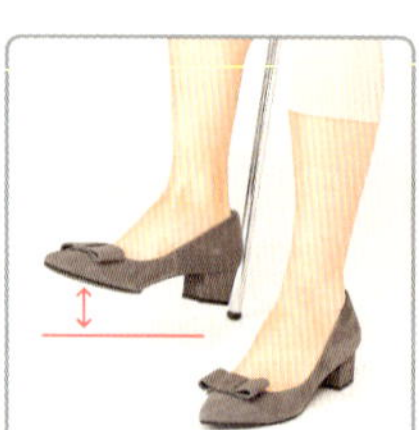

足を真上に5cmほど上げる

これくらいの足ぶみだけでも、大腰筋に効き、下腹解消の効果を得ることができる

次のページから、足ぶみ下腹ダイエットの基本の姿勢や、呼吸法、足ぶみの方法を紹介していきますが、むずかしく感じたら「イスに座って足ぶみすること」だけを意識して行

たまにお休みしてもOK!
無理なく継続しよう

ってください。なにも考えず、5㎝ぐらい足を上げて、足のつけ根から足ぶみすればＯＫです。

実は足を上下するだけで、お腹まわりの筋肉、とくに下腹解消に重要な大腰筋は鍛えられるのです。

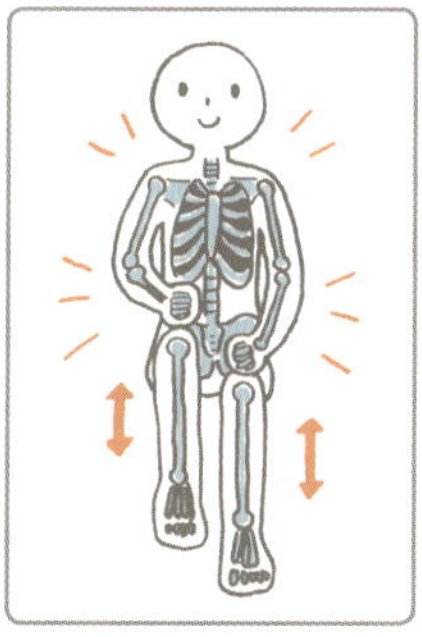

継続することで
整体しているような
効果が持続する!

このメソッドでもっとも重要なのが継続することです。とくに骨格は日々整えないとすぐにゆがんでいきます。継続すれば、自分で整体しているのと同じことです。たまに整体やエステに通うよりも効果的なのです。続けることで、足ぶみの効果が発揮され、下腹の出にくい体を維持することができます。

足ぶみ下腹ダイエットの前に…

1 基本の姿勢

イスに座り、太ももにこぶしを置く

正面から見た姿勢

肩は
水平に

手は小指を
下にして
こぶしを作る

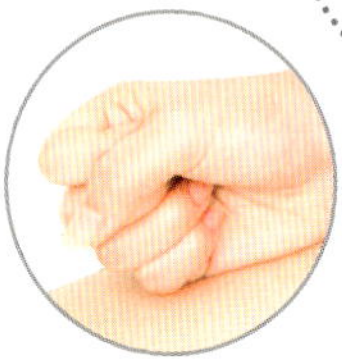

腕全体を使って
こぶしで
太ももを
グッと押す

両足は肩幅に開く

つま先は正面に向ける。

腹斜筋

**上体を横に
かたむける姿勢
〈正面〉**

体は正面に向けたまま、腰から上体を左右にかたむける。かたむける方向とは反対の腹斜筋に負荷をかける（→ P.42）。

NG! 頭だけかたむけない

横から見た姿勢

まっすぐ
正面を見る

首・背筋は
なるべく伸ばす

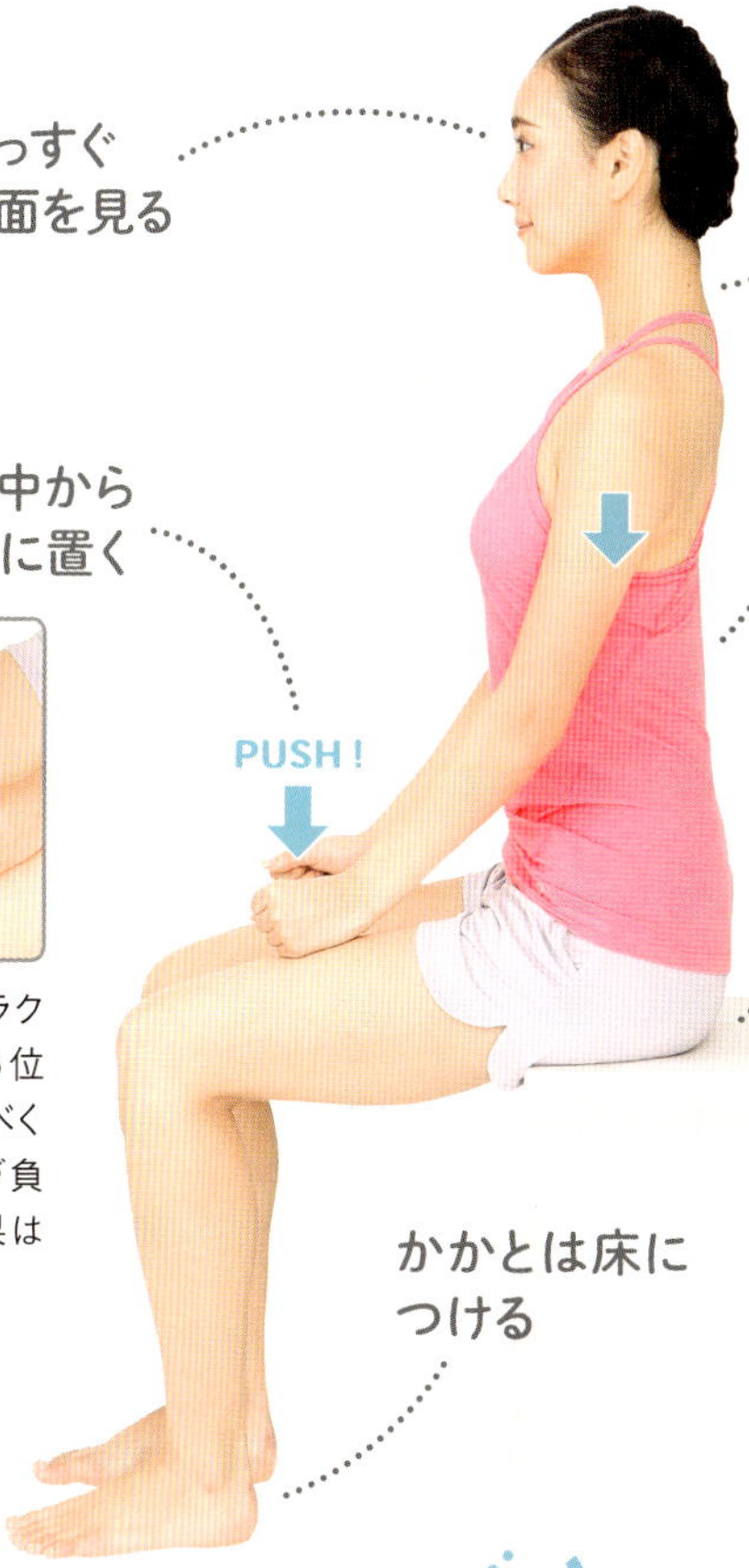

こぶしは
太ももの真ん中から
ややひざ寄りに置く

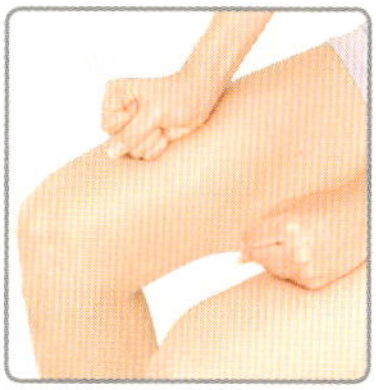

姿勢を伸ばして、ラクに太ももを押せる位置がよいが、なるべくひざに近いほうが負荷がかかって効果は上がる。

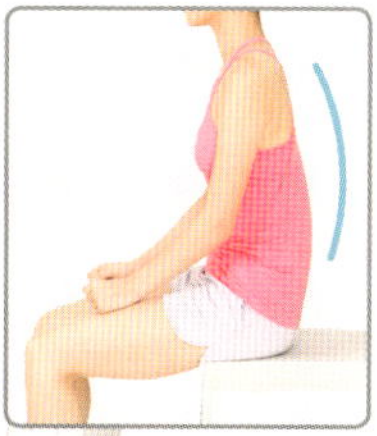

OK! ひざ寄りに手が置きにくい場合は、無理に背筋を伸ばさない。

イスの
中心ぐらいに
腰かける

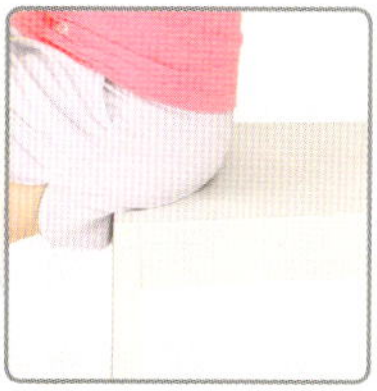

NG! 浅く座ったり、深く座るのは✕

かかとは床に
つける

ポイント

むずかしく
感じたら
ざっくりとで
OK!

足ぶみ下腹ダイエットは、多少違っていても効果は出るので、ざっくりと形をまねる程度から始めてもOK。

上体を横にかたむける姿勢〈横〉

体が斜め前にかたむかないよう、真横に上体をかたむける。

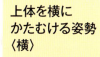

足ぶみ下腹ダイエットの前に…

② 基本の呼吸とカウント

息を吸いながら8カウント数える

鼻の穴を
すぼめて
大きく
息を吸う

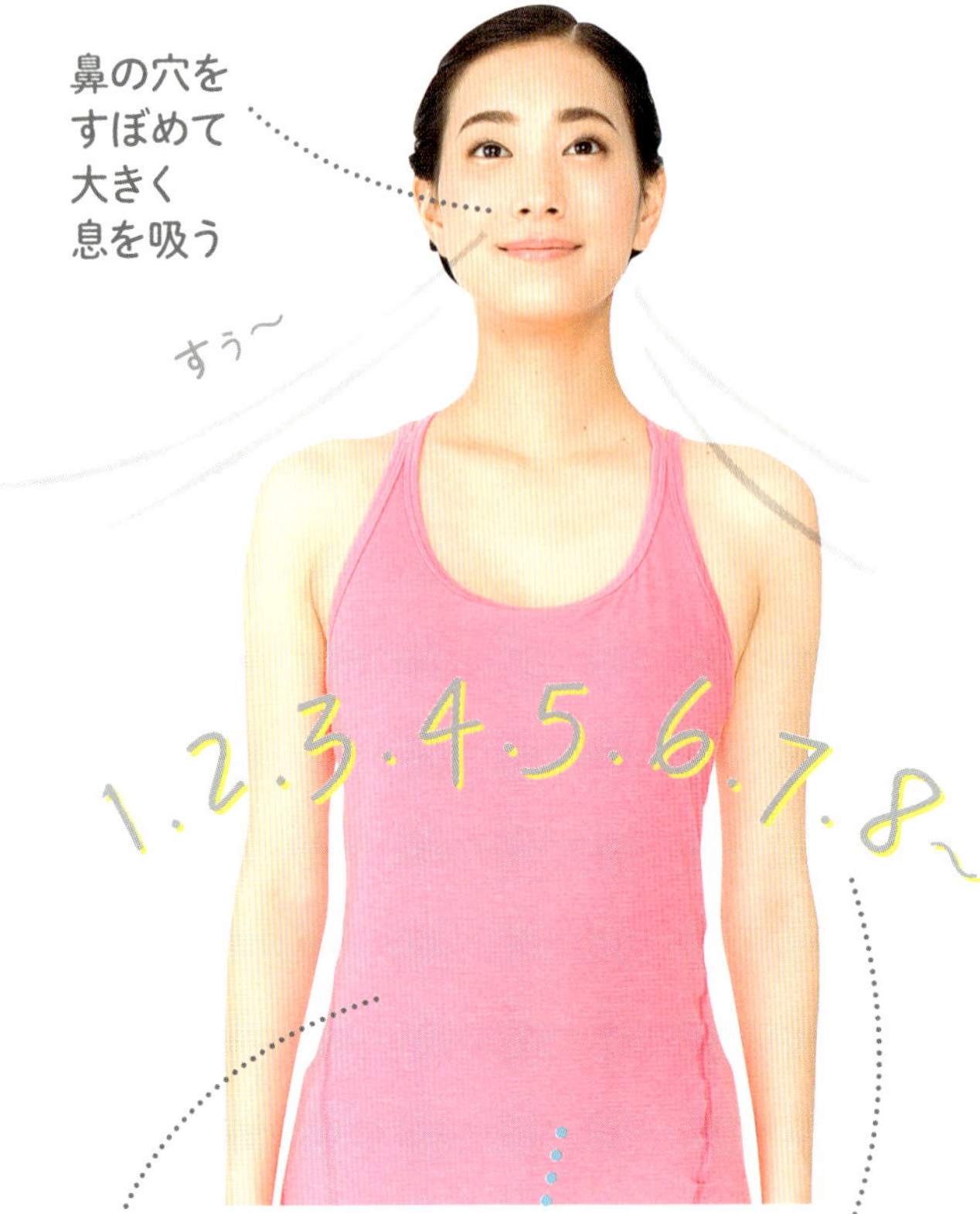

お腹を前に出すように
大きくふくらませる

頭の中で
8カウント数える

カウントを数える速さは1秒に2カウントが目安。ゆっくり数えたほうが負荷がかかる。

SIDE！

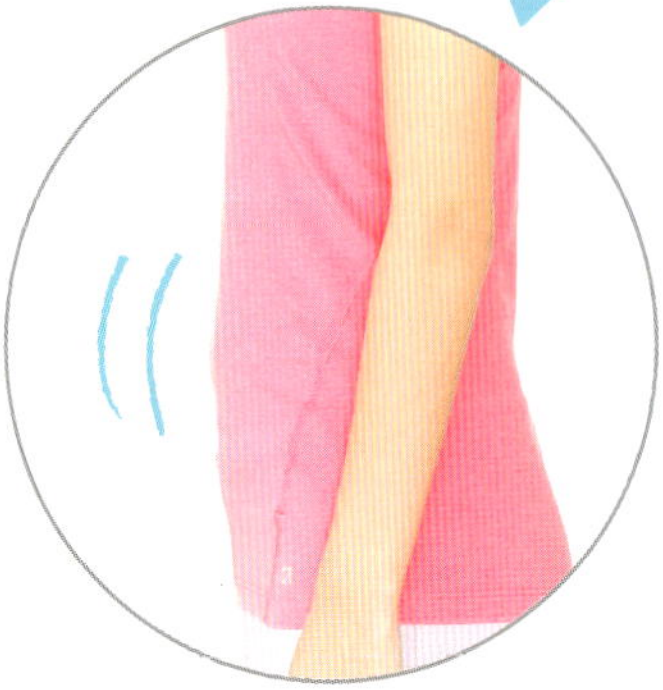

お腹を大きく
動かすイメージで

息を吸って、空気でお腹をふくらませるだけではなく、お腹を大きく動かして前に出す。

息を吐きながら8カウント数える

口をすぼめて
大きく息を
吐き出す

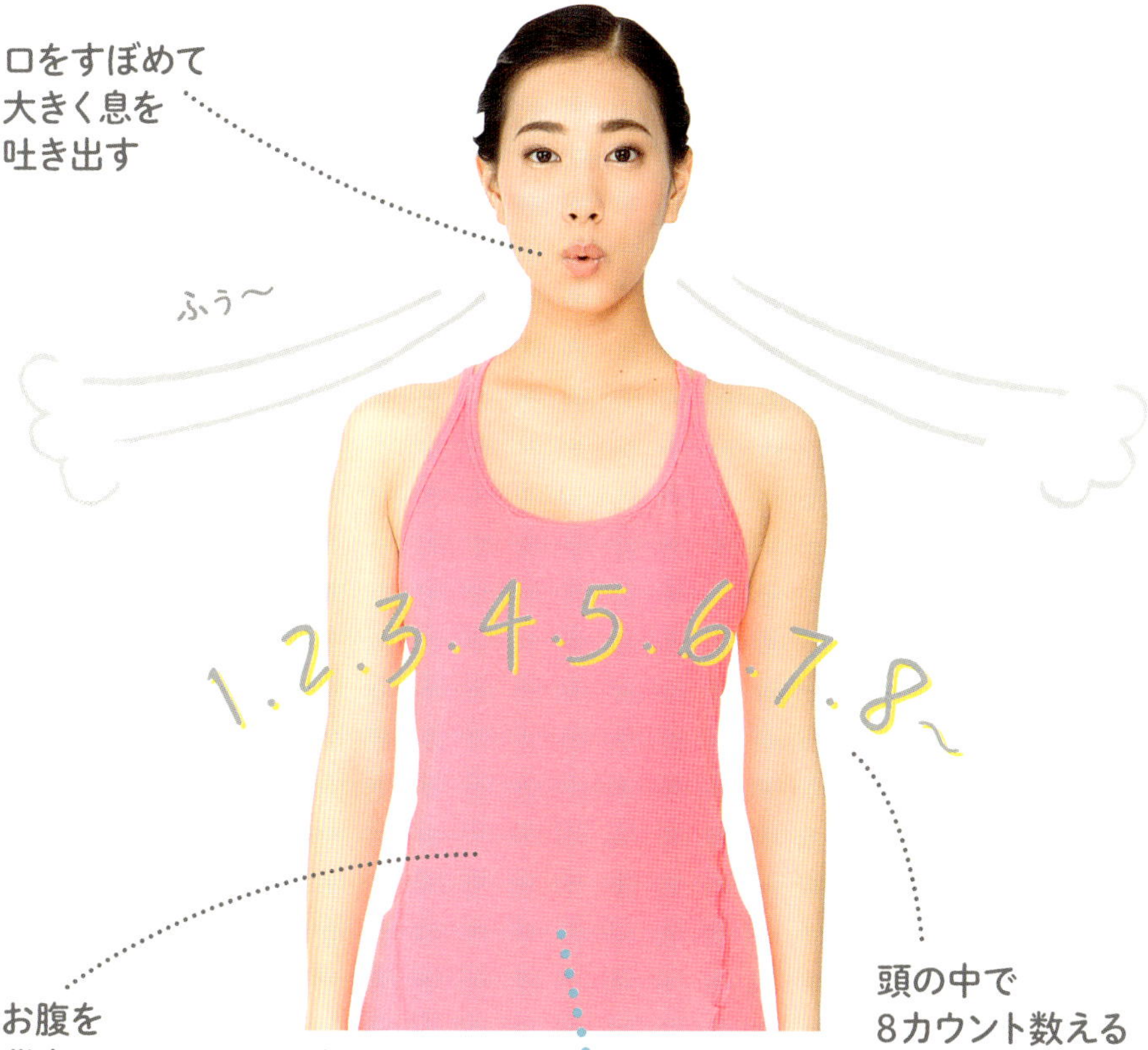

お腹を
背中につけるイメージで
大きくへこませる

頭の中で
8カウント数える

息を吸うときと同様に、1秒に2カウントの目安で数える。

SIDE！

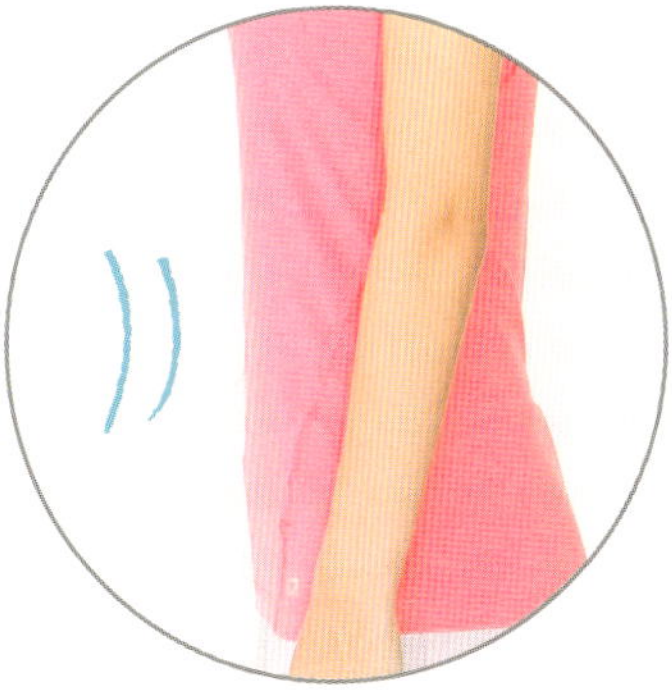

お腹を大きく
動かすイメージで

息を吐いて、空気出してお腹をへこませるだけではなく、お腹を大きく動かしてへこませる。

ポイント

むずかしく
感じたら
呼吸だけ！

お腹の動かし方がよくわからない場合は、呼吸を深くするだけでもOK。

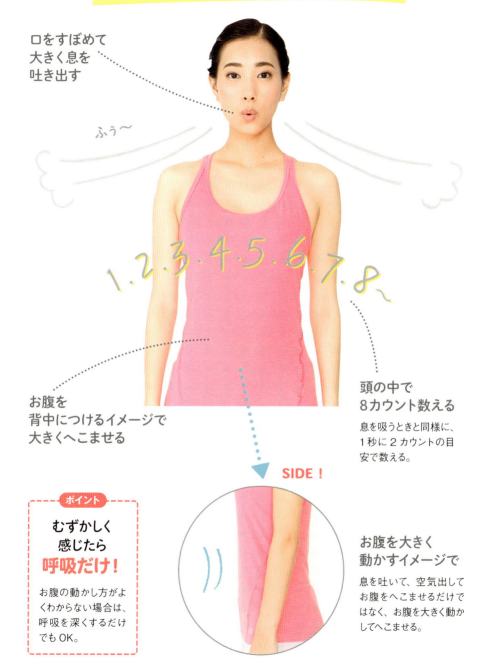

足ぶみ下腹ダイエットの前に…

3 基本の足ぶみ

左右交互にリズムよく足ぶみする

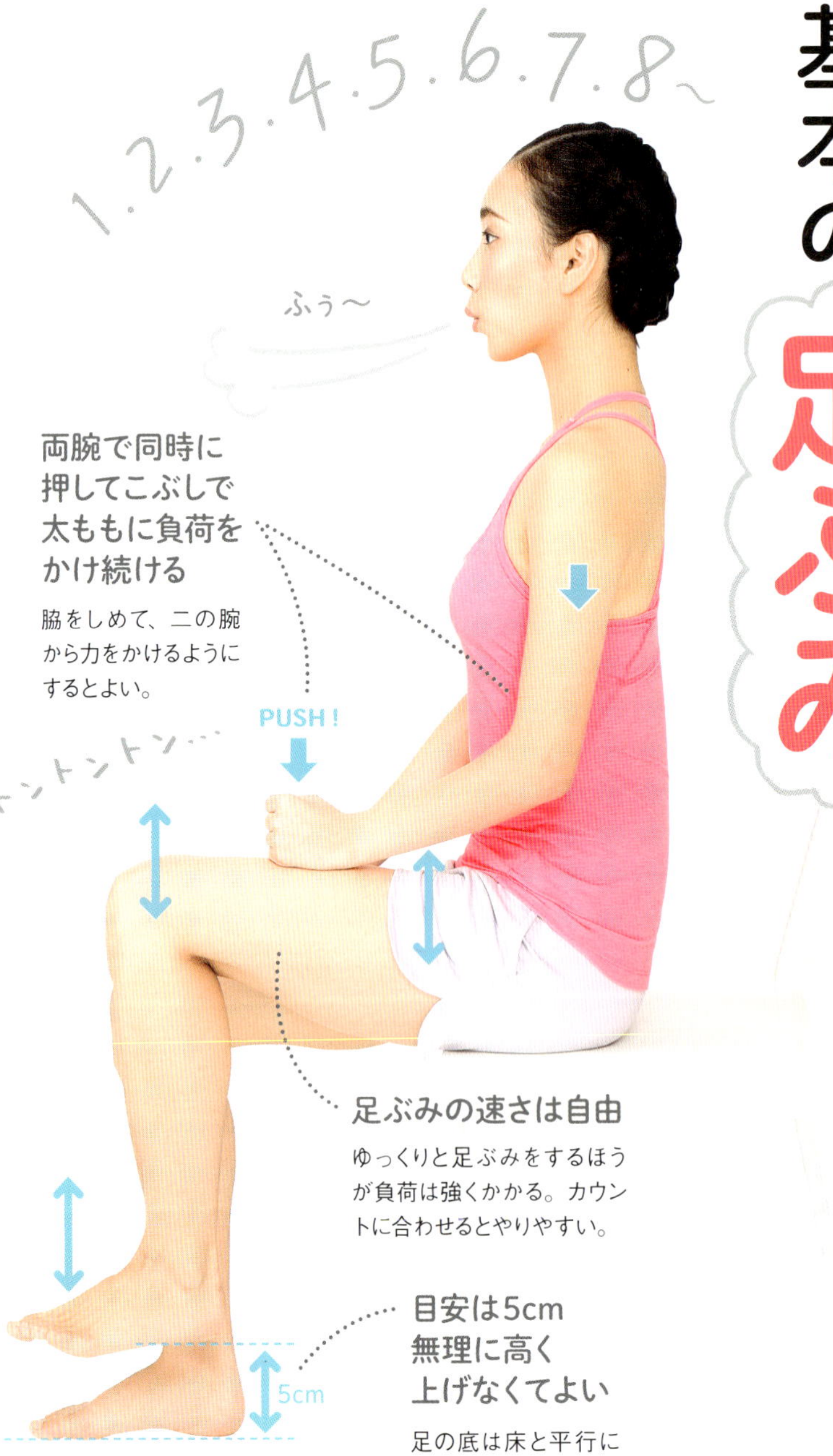

1.2.3.4.5.6.7.8～
ふぅ～
PUSH!
トントントン…
5cm

両腕で同時に押してこぶしで太ももに負荷をかけ続ける

脇をしめて、二の腕から力をかけるようにするとよい。

足ぶみの速さは自由

ゆっくりと足ぶみをするほうが負荷は強くかかる。カウントに合わせるとやりやすい。

目安は5cm 無理に高く上げなくてよい

足の底は床と平行にしたまま上げる。

太もも、ひざ、かかと、つま先、すべてを持ち上げる

足のつけ根から足ぶみしないと、お腹の筋肉に効かせられない。つま先も下がらないように注意。

NG! 足の底が床と平行になっていない

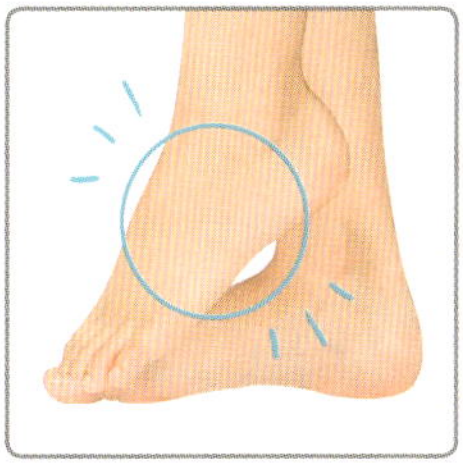

NG! 太ももが上がっていない

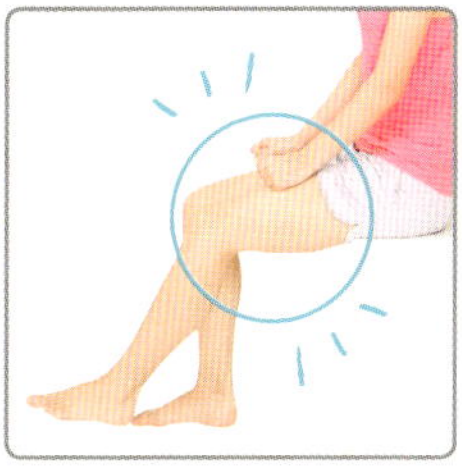

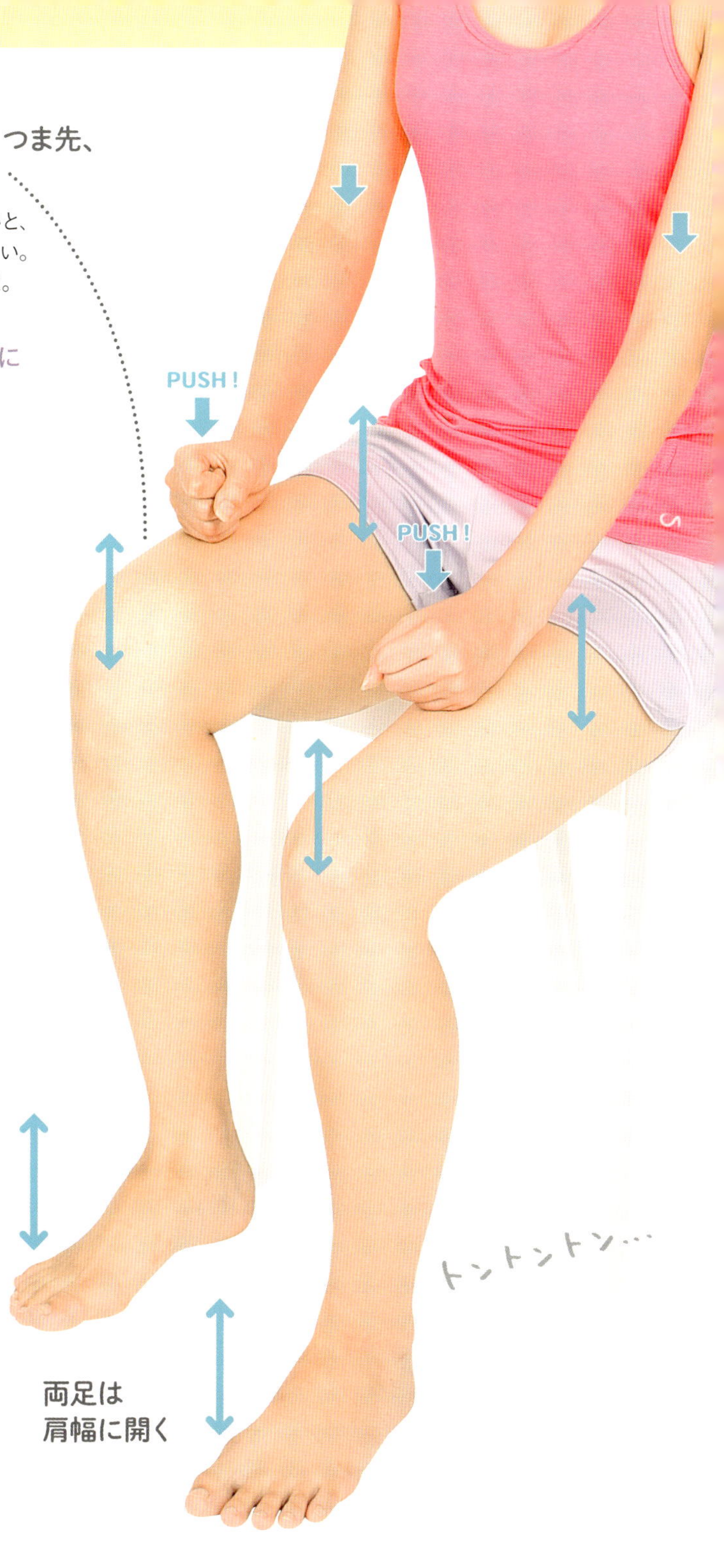
PUSH!
PUSH!
トントントン…
両足は
肩幅に開く

ポイント

むずかしく感じたらとりあえず足ぶみ!

慣れない動きで上手にできない場合は、自己流でもいいのでとりあえず足ぶみをする。

やってみよう!

足ぶみ下腹ダイエット

1回30秒、足ぶみをしながら8カウント数えて下腹をへこます！

1 イスに座り、こぶしで太ももを押し、8カウント数えながら足ぶみをする

1.2.3.4.5.6.7.8〜
すぅ〜
ふぅ〜
PUSH !
PUSH !
手は押し続ける
足ぶみを続ける

❶イスの中心に座り、ひざ寄りの太ももにこぶしを置く（小指を下にする）。❷両足を肩幅ぐらいに開き、前を見て足ぶみをしながら、こぶしで太ももを押す。❸鼻から息を吸って８カウント、口から息を吐いて８カウントを２回くり返す。

吸って吐いてを8カウントずつ2回くり返す

ポイント

むずかしく考えずにLet's足ぶみ！

2 上体を左右にかたむけて、1を同様にくり返す

1.2.3.4.5.6.7.8〜
右
左
すぅ〜
ふぅ〜
反対も行う
PUSH！
PUSH！
足ぶみを続ける

あわせてチェック！

1. 基本の姿勢
→ P.32 へ
2. 基本の呼吸とカウント
→ P.34 へ
3. 基本の足ぶみ
→ P.36 へ

1回で約30秒！
昼・夜1回ずつ

❶ 1と同じ姿勢のまま、上体を真横にかたむける。❷こぶしで太ももを押しながら、鼻から息を吸って8カウント、口から息を吐いて8カウントを、左右1回ずつ行う。

吸って吐いてを
8カウントずつ、
左右1回ずつ行う

足ぶみ下腹ダイエットは1回30秒、1日2回!!

おさらい

足ぶみ下腹ダイエットの1回とは…

足ぶみ続ける

1 正面を向いて

- 息を吸って８カウント
- 息を吐いて８カウント

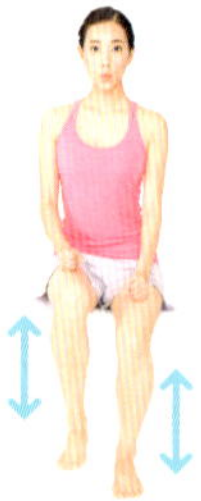

2 正面を向いて

- 息を吸って８カウント
- 息を吐いて８カウント

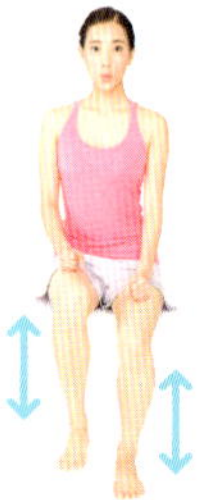

3 上体を左にかたむけて

- 息を吸って８カウント
- 息を吐いて８カウント

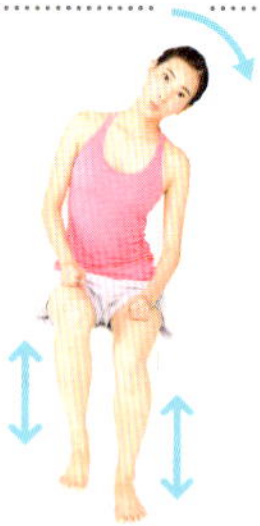

4 上体を右にかたむけて

- 息を吸って８カウント
- 息を吐いて８カウント

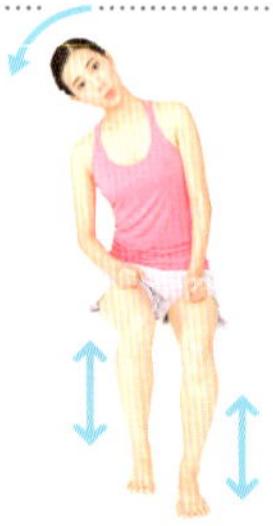

※上体をかたむけるのは、右左どちらが先でもOK

1秒に2カウントぐらいのペースで

1回30秒

昼と夜の1日2回
行うと効果的

1日2回が
面倒なときは…

1日1回でも、
何回でも大丈夫!!

無理なく継続することが大事なので、できるときに行うのが基本。動きがにぶい朝よりも、活動的な昼と夕食後の夜がおすすめです。もちろん、1日に何度行ってもOK。

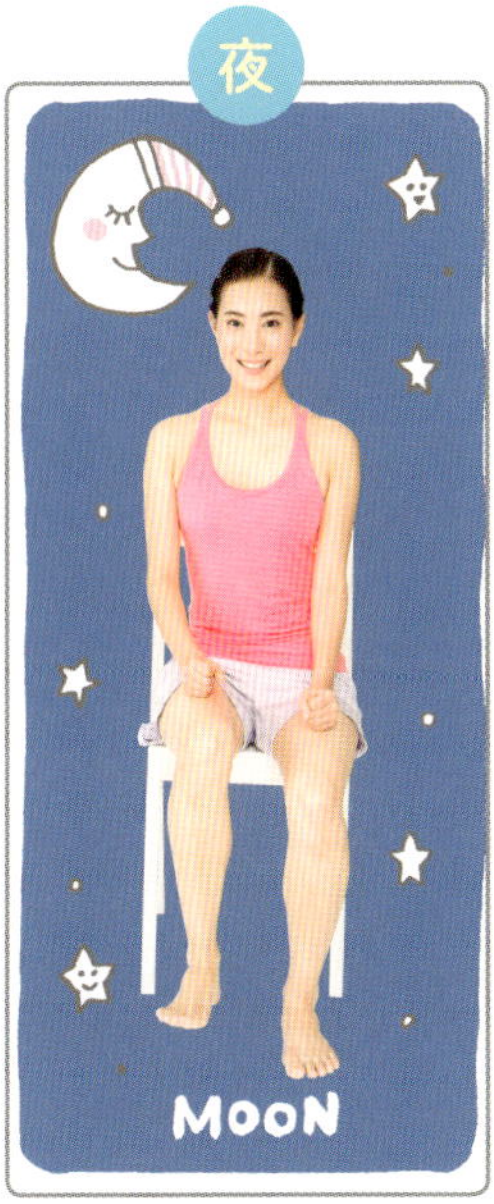

夕食後に軽く
運動することで、
消費量を増やす
ことができる。

正午を過ぎると
心も体も活動期に
入っているので、
無理せず行える。

簡単なエクササイズでも効果はしっかり出る!

このエクササイズはツライものではありません。筋肉はハードに鍛えなくても大丈夫。少し刺激を与えるだけでもいいのです。その刺激が継続されれば、脂肪が燃焼され、筋肉がついていくのです。

筋肉をハードに鍛えると…

筋肉が厚く大きくなり、ボディビルダーのように筋肉質な体になってしまう。

足ぶみ下腹ダイエットのような簡単なエクササイズでも、効かせる部位が的確であればきちんと効果は出ます。負荷を強くかけるよりも、重要なのは継続することです。できれば1日2回、もちろん回数が増えれば増えるほど効果は出ます。

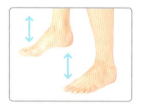

足ぶみ下腹ダイエットで下腹がへこむ理由

4つの動きが4つの筋肉を鍛える！

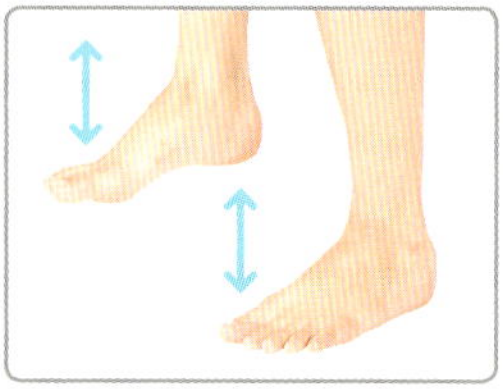

1. 足を上げることで**大腰筋**を鍛える！

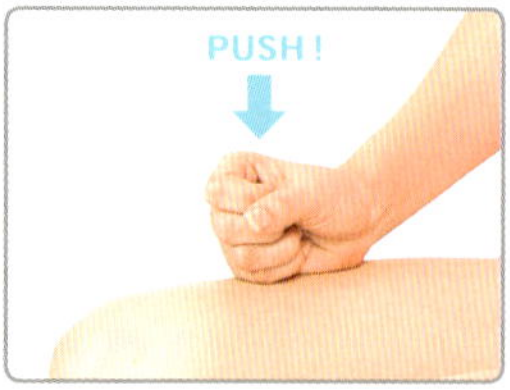

2. 手で反発を与えることで**腹直筋**を鍛える！

3. 深い呼吸をすることで**腹横筋**を鍛える！

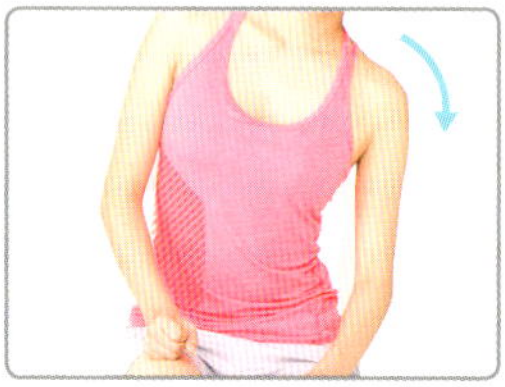

4. 体を斜めにすることで**腹斜筋**を鍛える！

教えましょう…

① 筋肉を鍛え直す

内臓の下垂をストップ！

まずは足ぶみ下腹ダイエットのそれぞれの動きが、お腹まわりの筋肉にどうアプローチしているかを解説していきましょう。

下腹を支えている重要なお腹まわりの筋肉は、大腰筋、腹直筋、腹横筋、腹斜筋の4つです（➡P17）。運動不足などで筋力が落ちてしまい、支持力がおとろえた4つの筋肉を鍛え直し、骨盤と内臓を支える力を取

4つの筋肉を同時に鍛えて下腹をクアトロガード!!

まずは、❶筋肉を鍛え直す

腹斜筋
腹部の横から前にかけて内臓を広範囲に支える。
腹横筋
腹部の筋肉のもっとも内側で横から前にかけて内臓を支える。
腹直筋
腹部の前側の一番外側から内臓を支える。
大腰筋
背骨から股関節の下にかけて伸び、骨盤を支える。

り戻すことで、下腹をへこませることができるのです。

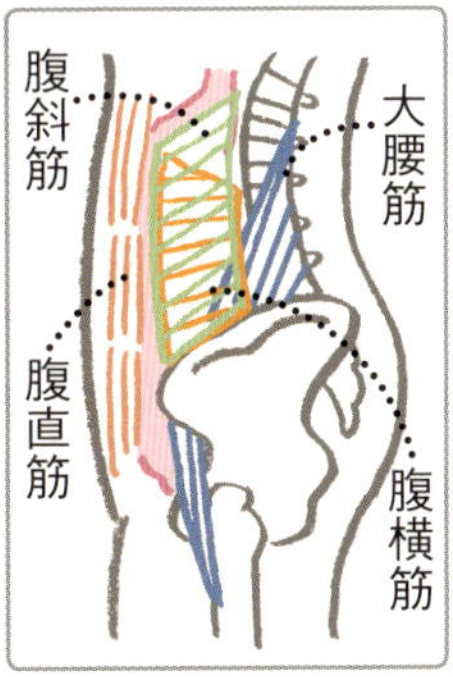

腹斜筋
大腰筋
腹直筋
腹横筋

4つの筋肉で支え直す（イメージ図）

【大腰筋】足を上げることで、骨盤のゆがみを整えながら鍛えられる

【腹直筋】上げた足を手で押すことでお腹の前側に負荷がかかり、鍛えられる

【腹横筋】深呼吸をくり返すことで、横隔膜と一緒に鍛えられる

【腹斜筋】上体を左右にかたむけることで、鍛えられる

その他の要因にもアプローチ！

横隔膜と**大腰筋**を鍛えることで**基礎代謝量**をを上げる！

↓

③脂肪を減らす

横隔膜と**腹横筋**が大腸を圧迫して

↓

④便秘を解消する

大腰筋を鍛えることで**骨盤**を中心にした上下の骨を整える

↓

②骨格を整える

---

②骨格を整える

大腰筋で骨盤を整える

大腰筋は骨盤を正しい位置に支えている筋肉なので、足ぶみをして大腰筋の筋力をつけることで、骨盤のゆがみ（前傾・後傾も含む）が解消され、整えられます。

さらに、体の中心にある骨盤の位置が正しくなることで、全身の骨格が整い、反り腰や猫背、巻き肩、ストレートネックなども改善されていきます。

③脂肪を減らす

筋肉を鍛えて脂肪を燃焼

筋肉を鍛えて基礎代謝量（↓P21）を上げることで、お腹まわりの脂肪が燃焼しやすくなります。

全身が整う!!

筋肉　骨格　脂肪　便秘

4つの要因を解消して

下腹がへこむ!!

その他にも…

二の腕が細くなる

こぶしで太ももを押して、持続的に腕を押し下げていると、上腕三頭筋を鍛えることになり、二の腕が細くなる。

姿勢が改善する

大腰筋の左右差が整い、骨盤の前傾・後傾、左右のゆがみが整うことで、姿勢が改善する。

足の長さがそろう

大腰筋を鍛えて、筋力が左右均等になると、骨盤の左右のゆがみが整い、足の左右の長さもそろってくる。

P.46、P.48 もチェック

深い呼吸で鍛えられる横隔膜と、足ぶみで鍛えられる大腰筋は、どちらも面積の大きいインナーマッスルで、基礎代謝量を上げるのに非常に効果的です。とくに横隔膜は、呼吸をして24時間動いているので、鍛えるとよりエネルギー消費量を増やすことができます。

また、大腰筋を鍛えることで熱が生まれ、腹部の深部が温まり、脂肪がつきにくくなります。

❹便秘を解消する

腸の蠕動運動を活性化

深呼吸をすることによって横隔膜と腹横筋が動き、大腸の横行結腸（↓P22）をダイレクトに圧迫します。その刺激によって腸の蠕動運動が活発化、慢性的な便秘を解消し、排便を促すことができます。

プラス効果
基礎代謝量UPで全身やせる体になる！

下腹以外の筋肉にもアプローチ！

- 二の腕
- 内もも
- 太もも裏
- 背中
- おしり　など…

筋力を上げて基礎代謝量UP!!

※基礎代謝量とは…
なにもしていなくても生命維持のために使われるエネルギーのこと。高いほうが脂肪がよく燃焼する

筋肉量を増やすことで引き締まり、やせる！

足ぶみ下腹ダイエットは、深い呼吸で負荷をかけながら運動することによって、ラクな動きでもより大きな運動量を得ることができます。

そして、持続的に腕を押し下げ続けることで上腕三頭筋（二の腕）、足ぶみをすることで内転筋（内もも）とハムストリング（太もも裏）、呼吸をすることで横隔膜など、お腹まわり以外の筋肉にも大きく刺激を与えていきます。

足ぶみ下腹ダイエットに3週間挑戦すると…

さらに…

脂肪燃焼効果が上がっていく!

全身の筋肉が引き締められ、筋力がつくことによって基礎代謝量が上がり、この後も脂肪が燃焼しやすい体になる。

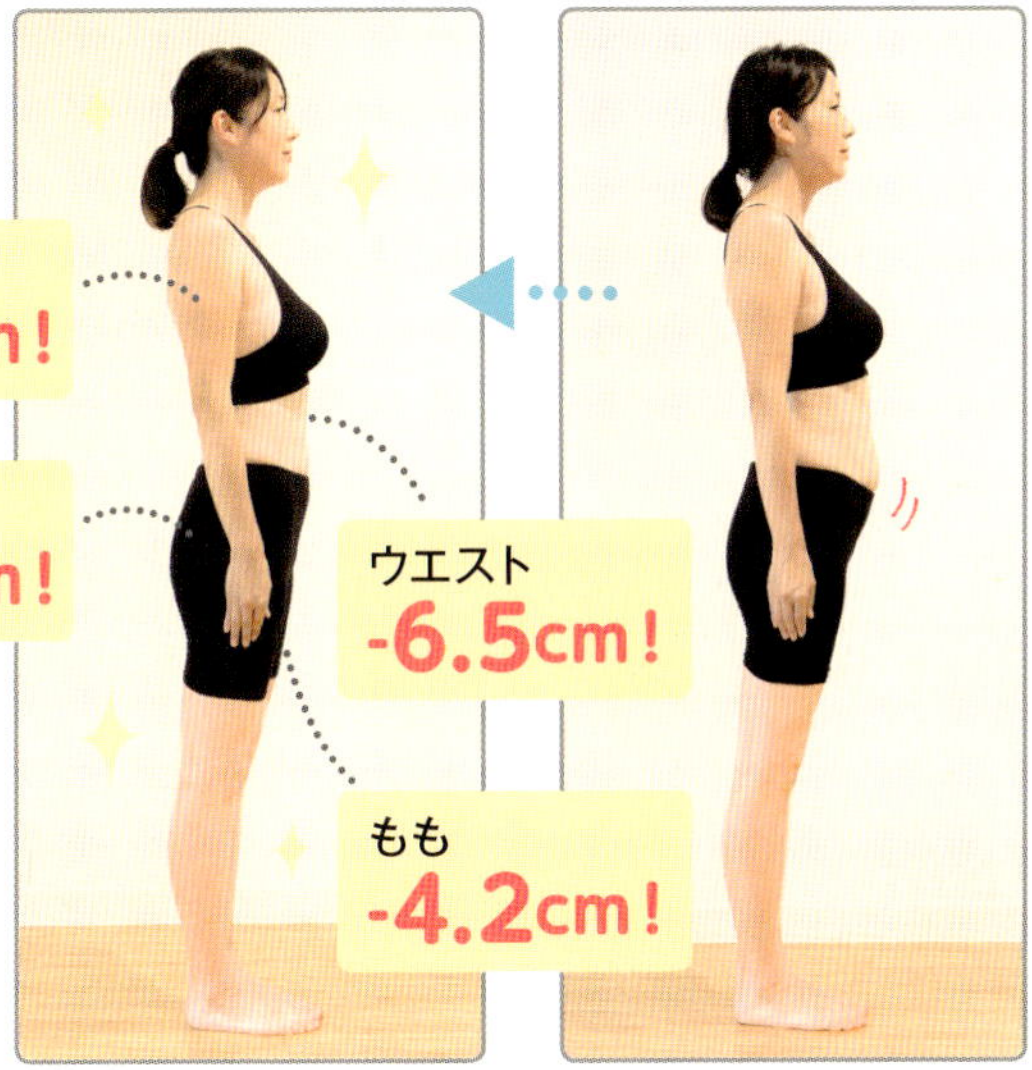
After
Before
二の腕
-2.0cm!
ヒップ
-2.6cm!
ウエスト
-6.5cm!
もも
-4.2cm!

下腹はなんと
マイナス6.1cm!!

どれだけへこむ!?
足ぶみ下腹ダイエット
3週間
チャレンジ!!

P.4へ

全身の筋肉量が鍛えられて、筋肉が引き締まり、骨格が整うので、下腹だけではなく全身がほっそりとサイズダウンします。そして、基礎代謝量が上がることにより、脂肪燃焼効果が高まり、やせやすい体になります。

最終的には横隔膜の筋力アップによって、睡眠中の呼吸だけでも脂肪を燃焼できる体になっていきます。最初は体重が落ちなくても、脂肪燃焼効果によって、続けるうちに体重も落ちていくでしょう。

継続すればするほど、やせる体になるメソッドなのです。

寝ている間もやせる!

呼吸をするために24時間動いている横隔膜を鍛えれば、寝ている間でも脂肪燃焼効果がUP!

プラス効果
足ぶみをすると リラックスできる！

何も考えない
単調なリズムの
運動で…

↓

セロトニンが
分泌される

**α波が出て
癒しの
状態に！**

※セロトニンとは…
脳や腸にある神経伝達物質のひとつ。セロトニンが脳で働くと、精神の不安が抑えられ、不足すると、不眠やうつ病などになりやすいと言われている。また、セロトニンが分泌されると脳波がリラックス状態を表すα波になる

簡単で単調だからこそ体も心も整う

8カウントを数えながら、リズミカルに足ぶみをする……。この簡単で単調な動きには、脳の神経伝達物質のセロトニンを分泌させるという作用もあります。セロトニンが脳内に分泌されると、脳波がα波になり、「癒し」の状態になります。

さらに、深い呼吸をくり返すことで、横隔膜が大きく上下します。横隔膜が大きく動くことによって副交感神経が優位になり、リラックス状

最終的には…

下腹や不調を改善！
楽しい毎日になる！

さらに、深い呼吸をくり返すことで…

副交感神経が優位になる

運動後はリラックス状態に！

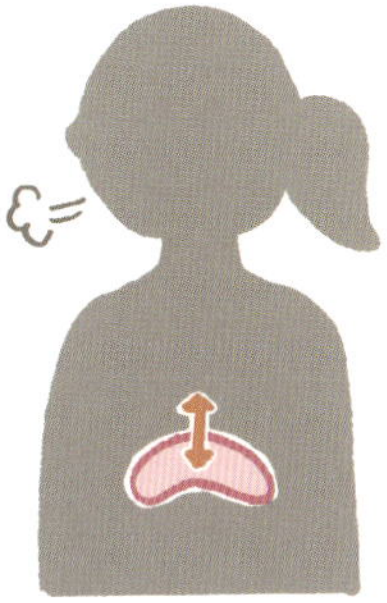

深く呼吸をして横隔膜を大きく動かすことによって、迷走神経を介して副交感神経が刺激される

自律神経が安定することで、便秘も改善する

P.93もチェック！

態になれます。

【自律神経とは…】
意思とは関係なく、身体機能を調整するために働いている神経。活動、緊張、ストレス時などに優位になる「交感神経」と、休息、リラックス、睡眠時などに優位に働く「副交感神経」がある

副交感神経が優位になることで、腸の蠕動運動が活発化され、慢性的な便秘も改善することができます。また、腸内のセロトニンの分泌が安定すると便通も安定します。

足ぶみ下腹ダイエットは、下腹をへこませて基礎代謝量を上げてやせる体を作る以外に、気持ちをリラックスさせ、自律神経のバランスを整える働きもあるのです。日課にすることで、心と体の不調を改善します。

プラス効果 タイプに合わせてレベルアップ

1 効果を早く出したい

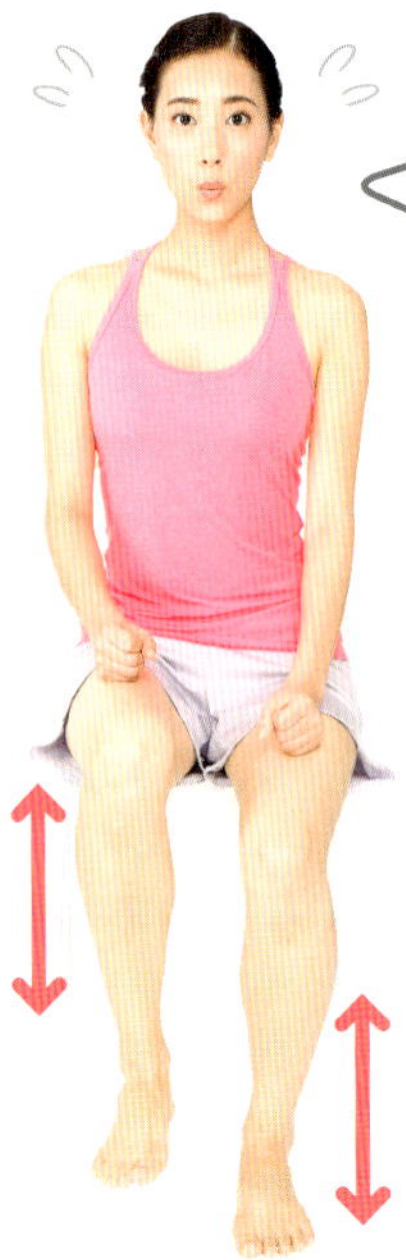

1回×5連続！

回数を増やせば増やすほど効果を早く出せる

1回（→ P.40）を5連続で行うことで、お腹まわりの筋肉が集中的に鍛えられる。できれば昼と夜に分けて1日で計10回行う。

2 便秘を解消したい

前かがみで行う

もっとも排便しやすい姿勢で足ぶみをする

前傾の座位姿勢は、便をためる直腸と肛門のつながる角度が120度になり、もっとも腹部に力を入れやすく、排便もしやすい。この姿勢で足ぶみをすることで、より排便を促す。

ポイント

目的や悩みに合わせて**やり方をアレンジ**

方法を少し変えるだけで、効果がよりアップ。部分やせ、骨盤の前傾・後傾改善も可能。

3 全身ダイエットしたい

負荷をさらにかけて、全身の筋力を増やす

負荷のかけ方で部分やせも！

負荷をかける方法は以下の4つ。無理をせずに1つでも可。できる範囲で取り入れる。

足を高く上げる

脚やせ！

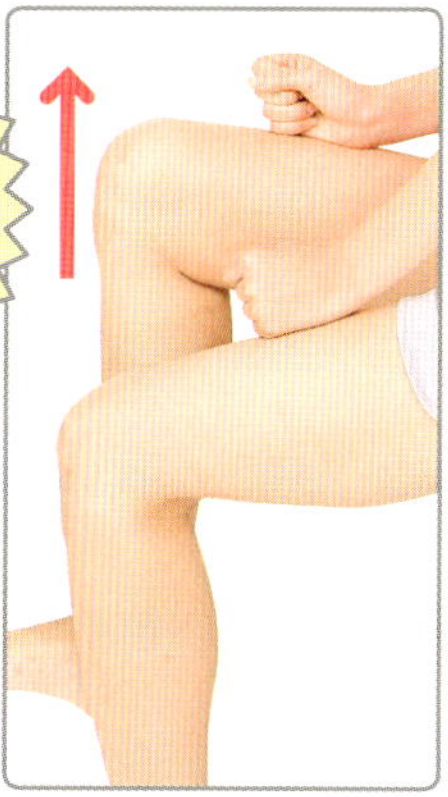

太ももを高く上げて、脚全体とお腹の筋肉により負荷をかける。足ぶみもゆっくり行うとより効果UP。

呼吸をより深くする

全身の脂肪燃焼！

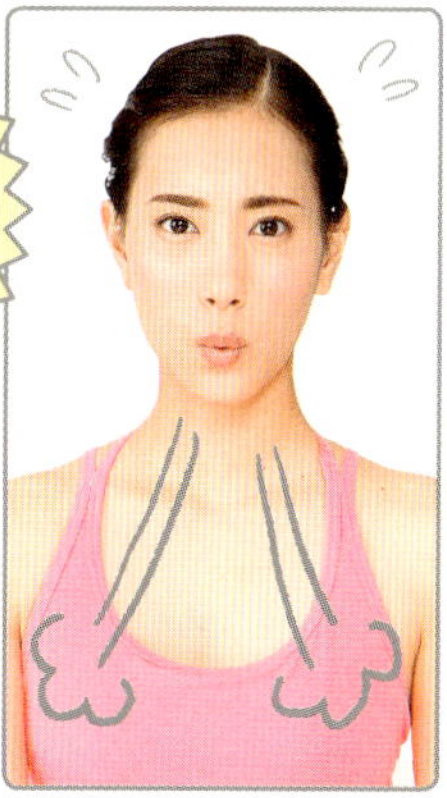

吸って吐いての8カウント（→ P.34）をゆっくり数え、長く深呼吸をし、全身の筋肉をより大きく動かすようにする。

負荷をもっとプラス

脚やせ！ 全身の脂肪燃焼！

中身の入ったペットボトルなど、重みのあるものを太ももにのせ、足上げをよりハードにする。軽めのダンベルでも可。

手の位置を前にする

二の腕やせ！

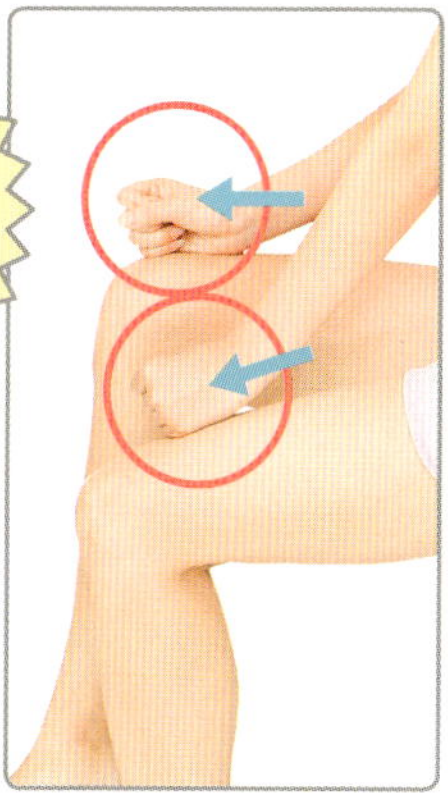

太ももを押すこぶしの位置をひざまで持っていき、二の腕を中心に、より負荷をかける。

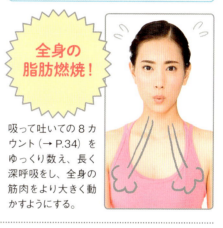

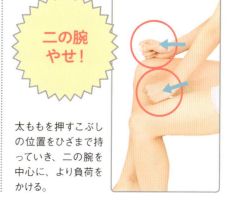

4 骨盤前傾・後傾コース

姿勢を変えて足ぶみすることで
骨盤前傾・後傾を自己矯正！

通常の足ぶみ下腹ダイエットでも骨盤矯正効果はあるが、
非常に強い前傾・後傾タイプの場合はこのコースをするとよい。

〈骨盤後傾〉タイプの人は
やや内股の姿勢で
足ぶみをする

ひざと足先を
内側に向ける

骨盤の前を閉じる

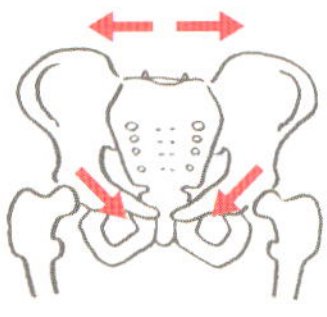

骨盤が後傾すると骨盤の前側が開くので、両足を内股にし、骨盤を前に倒すようにして閉じる。

〈骨盤前傾〉タイプの人は
やや外股（ガニ股）の姿勢で
足ぶみをする

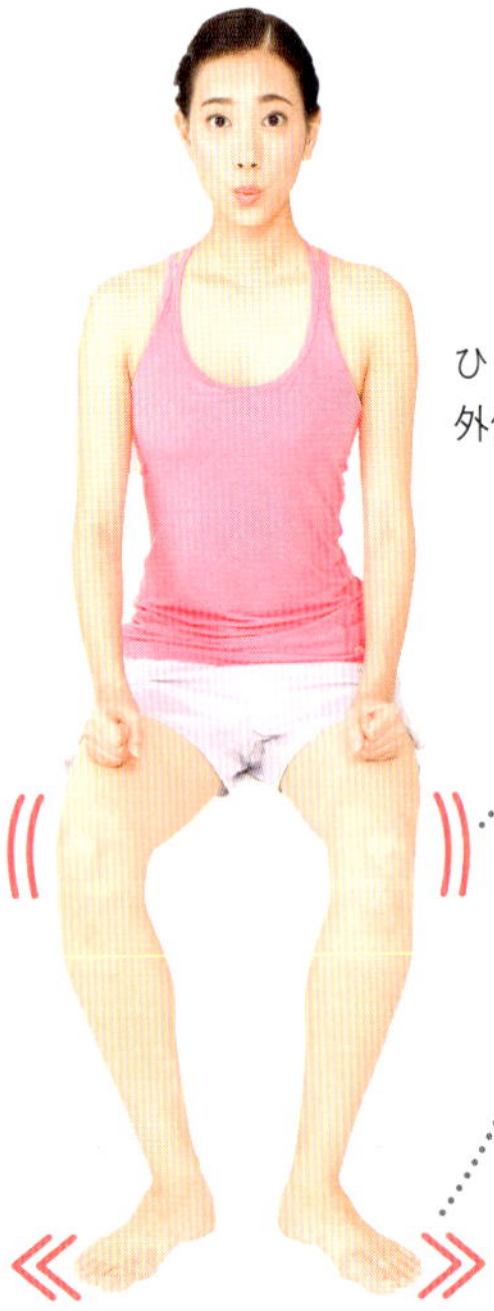
ひざと足先を
外側に向ける

骨盤の後ろを閉じる

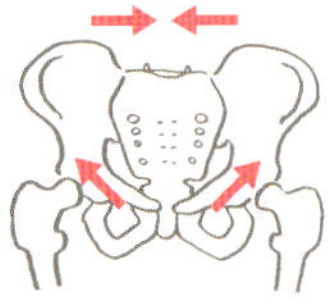

骨盤が前傾すると骨盤の後ろ側が開くので、両足を外股にし、骨盤を後ろに倒すようにして閉じる。

あなたはどのタイプ？ 骨盤チェック

方法 壁に背中をつけて自然に立つ。
腰と壁の間に手のひらが入るか確かめる

〈骨盤後傾〉タイプ

〈骨盤前傾〉タイプ

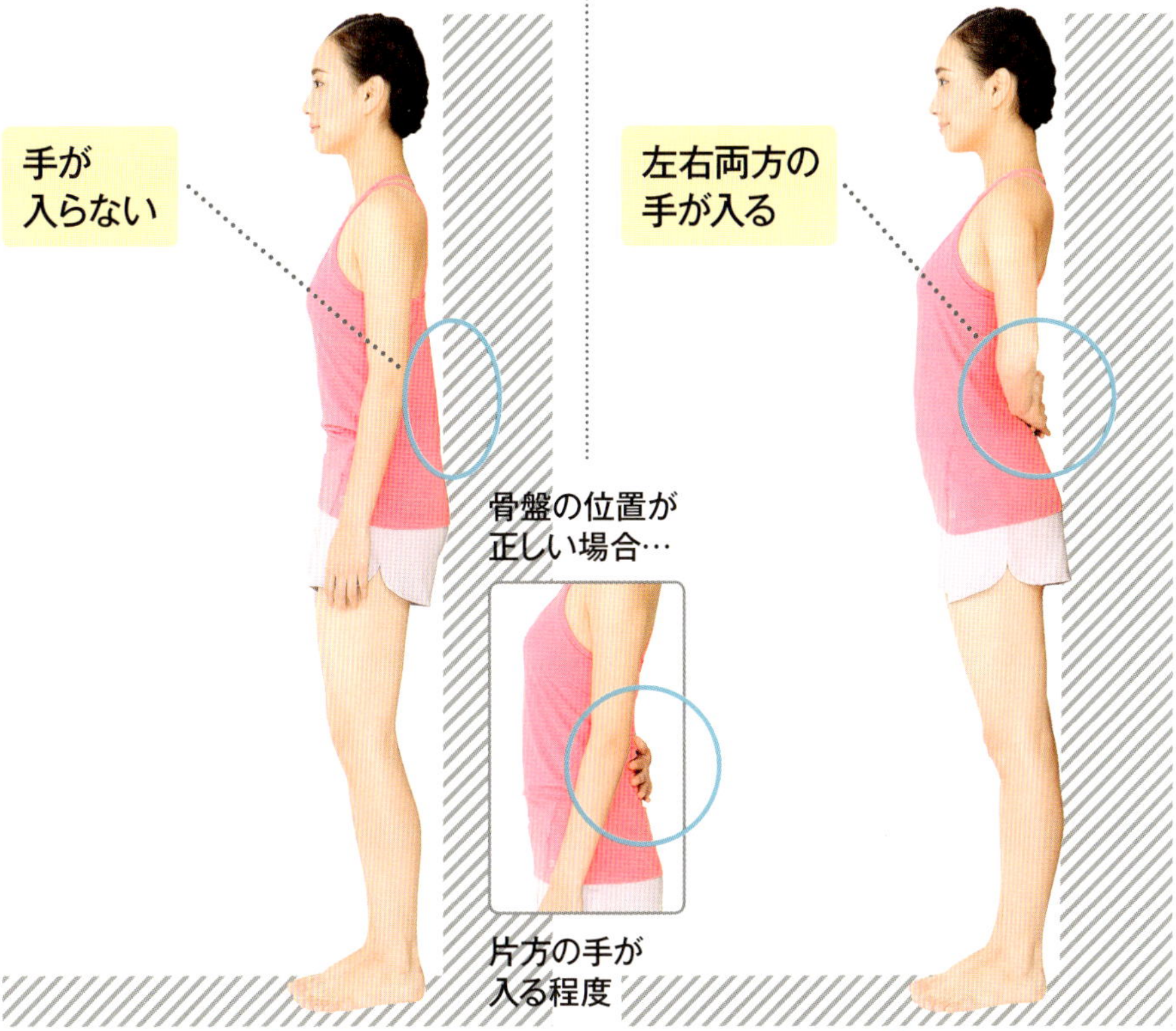
手が
入らない
骨盤の位置が
正しい場合…
片方の手が
入る程度
左右両方の
手が入る

〈骨盤後傾〉タイプ：このタイプは…

おしりが垂れていて、平らで四角い、ひざのお皿が外側に向いた外股のO脚、胸部がへこんでいる猫背の人に多い。

〈骨盤前傾〉タイプ：このタイプは…

反り腰、出っ尻、ひざのお皿が内側に向いた内股のO脚、反張膝になっている人に多い。

※反張膝とは…
ひざが反っていて、横から見ると脚のラインが後ろ側に反っている状態

解説

足ぶみ下腹ダイエットは全身のバランスを整え続ける！

大腰筋エクササイズから偶然生まれたメソッド

私が足ぶみ下腹ダイエットの元となるエクササイズを考えたのはもうずいぶん前のことです。来院者のために、大腰筋を鍛える簡単でラクなエクササイズを考えていて、座ったままの足ぶみを思いつきました。

最初は足ぶみだけだったのですが、二の腕やせをプラスして、こぶしで太ももを押すようにしたら、「腹筋にもクル！」と来院者から言われ、いろいろと改良を重ねて現在の下腹解消メソッドになりました。

体における大腰筋と骨盤の重要性

大腰筋は、体の上と下を支える非常に重要な筋肉です。背骨から左右に伸び、骨盤の内側を通り、太ももの骨とつながっています。大腰筋の筋力が落ちて左右の筋肉に差が生じると、骨盤がゆがみ、両脚の長さにも左右差が生じます。

そして骨格において骨盤は非常に

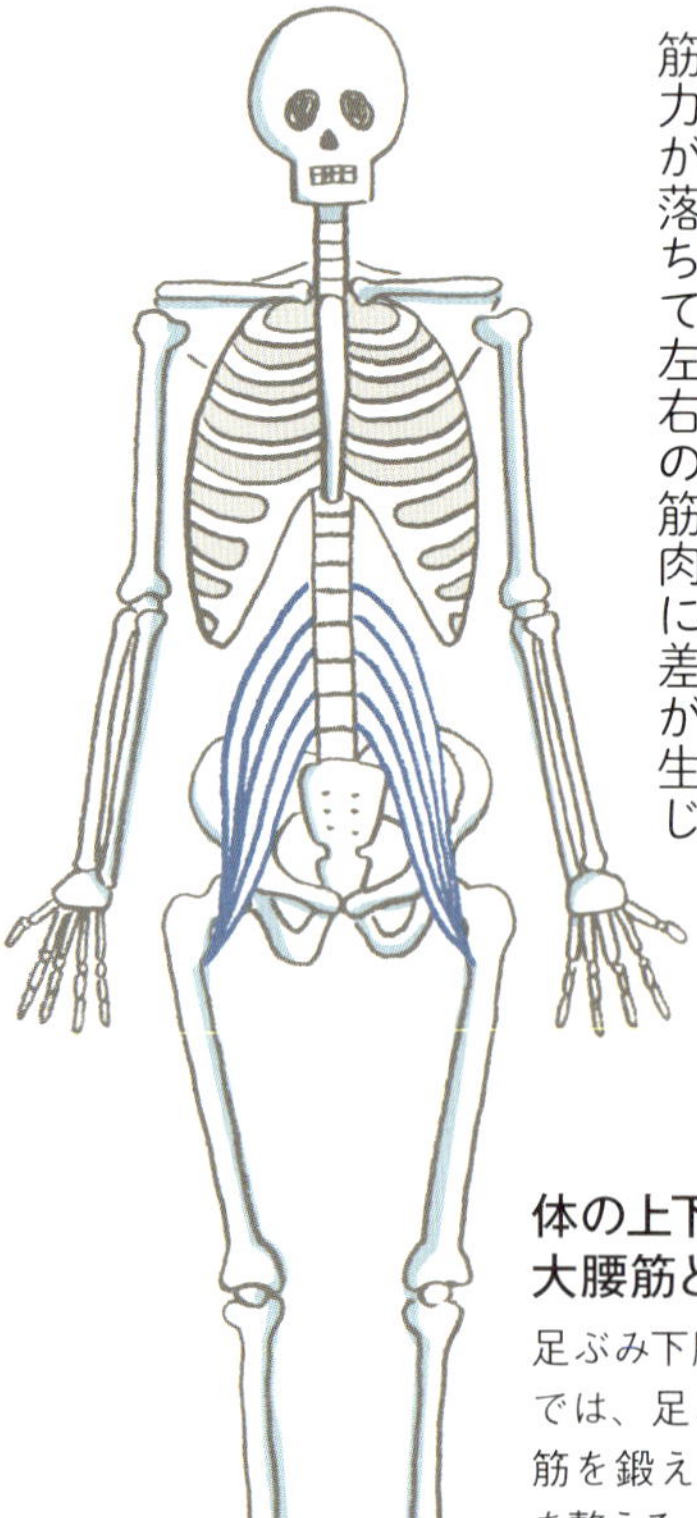

体の上下を支える大腰筋と骨盤

足ぶみ下腹ダイエットでは、足ぶみで大腰筋を鍛えながら骨盤を整える重要な存在で、体の中心で上下の骨格をつなぎ、バランスを保っています。そのため、骨盤がゆがむことで、全身の骨格がゆがみます。腰痛や肩こり、下腹が出る原因にもなります。

骨格と筋肉を中心に全身整え続ける

骨格と筋肉は、筋力不足が起きれば骨格がゆがみ、姿勢のクセなどによって骨格がゆがめば筋力が落ちてしまうというように影響し合っています。

私の整体院は「骨と筋」といいますが、その名のとおり、私は骨格と筋肉に同時に施術を施します。下腹の4つの犯人のこともそうですが、人によって体型変化や体の不調の原因はさまざまです。骨格と筋肉を中心に全身を整えないと、またどこかがゆがみ、不調が出てしまいます。

骨と筋肉を両方整えることで、不調を防ぎ、改善することができるのです。

足ぶみをするだけなのでいつまでも続けられる

足ぶみ下腹ダイエットは、足ぶみをすることによって、大腰筋の筋力を鍛え、骨盤のゆがみを整え続けます。これが全身のバランスを継続的に整え続けることになるのです。

そして、こぶしで太ももに負荷をかけたり、深い呼吸をすることで腹筋や横隔膜を鍛え、下腹が前方に下垂・突出しないようにガードします。

これまでに何度か言っていますが、メソッドがむずかしく感じたら、本当に「座って足ぶみする」だけでいいのです。大事なのは、足のつけ根からしっかりと太ももを上げること。そうしないと残念ながら大腰筋には効かないからです。

これさえ守っていただければＯＫ。背筋が多少曲がっても、足ぶみがゆっくりでも、こぶしに力を入れられなくても、足ぶみだけは続けるようにしましょう。

加齢によって筋力が落ち、骨格がゆがみます。でも、年齢を重ねた方でも、座ったまま足ぶみするだけならいつまでも続けられますよね。

背中が曲がっても太ももを押せなくてもOK

足のつけ根から足を上げることができていれば、効果は出る。呼吸はなるべく続ける

column2

ラクじゃなければ続かない！

大切なのは体を動かすこと

足ぶみ下腹ダイエットは、「座って足ぶみする」だけでよいメソッドです。どんなエクササイズも、めんどくさいと感じたらもう続きません。でも、続かないと効果は得られないのです。エクササイズで重要なのは毎日少しでも体を動かして、効果を持続させること。なので、私が考えるメソッドはいつも簡単なのです。

ジャンプするだけでもよい効果がある！

極端な話ですが、毎日ジャンプするだけでもいいのです。ジャンプすることによって、骨格のゆがみが改善され、血流がよくなります。これを進化させたのが次のパートで紹介している「骨盤ステップス」（→ P.68）で、跳ねるだけで姿勢のクセやゆがみを矯正します。足ぶみ下腹ダイエットも同様です。気づいたときに足ぶみをするだけで、下腹をへこませることができる……、こんなにラクなメソッドなら続けられますよね。

「骨盤ステップス」はジャンプするだけ、という超簡単なメソッド。

PART 3

弱みを強化して即効性UP！

お悩み別メソッド

悩みに応じて選べる、15のメソッドです！

筋力不足や便秘など、
悩みに応じたメソッドを用意しました。
弱いところをサポートすることで、
足ぶみ下腹ダイエットの効果も上がります。

5つのお悩みに、15のメソッドを紹介

選べる お悩み別メソッド

お悩みその1

もっとやせたい！ 鍛えたい！

筋力と脂肪燃焼をより強化

スリムボディメソッド

➡ P.60

筋力をつけることで、下腹を中心に全身の脂肪燃焼を促進させるメソッド。くびれ効果や、バストアップ効果のあるメソッドも。

足ぶみ下腹ダイエットと
一緒に行い効果UP！

効果、やりやすさ、メソッドをする場所など…ⒶⒷⒸから選ぼう

お悩みに対して3つずつ、Ⓐ～Ⓒのメソッドを紹介しています。効果が違うのに加え、体勢も違うので、ご自身でできそうなものを選んでください。どのメソッドも、お悩みの解決以外にさまざまな効果が期待できます。足ぶみ下腹ダイエットと一緒に行うことで、お悩み部分が強化され、より下腹解消の効果もUPします。

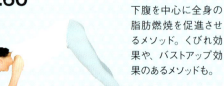

お悩みその2

姿勢をよくして、
立ち姿美人に
なりたい！

全身の骨格を整える

ゆがみ解消メソッド

→ P.66

全身のゆがみを整えることができる簡易メソッドや、左右差も改善できる本格的な自己矯正メソッドも。

お悩みその3

慢性の便秘で
お腹ぽっこり…

おどろくほどお腹スッキリ！

便秘解消メソッド

→ P.72

座りながら、または寝ながら大腸を刺激して排便を促します。骨盤底筋を鍛えて、便を押し出す力を強化するとより効果的。

お悩みその4

日々の不調を
なんとかしたい！

体の機能を向上させよう！

不調改善メソッド

→ P.78

呼吸を深くしたり、骨盤を整えることで、酸素量を増やして、全身の血流を促進し、冷えやむくみなどの不調を改善します。

お悩みその5

とにかく続かない…、
簡単なのがいい！

エクササイズ嫌いにオススメ！

意識改善メソッド

→ P.82

ズボラさんにオススメ！　意識を変えるだけで、さまざまな変化が期待できる、どんな場所でもすぐにできるメソッドです。

お悩みその1　もっとやせたい！ 鍛えたい！

筋力と脂肪燃焼をより強化！

スリムボディメソッド

A アルファベットふっきん

足を上下左右に動かすことで、下腹をまんべんなく鍛えます。
足の角度を下げるほどきつくなりますが、効果は高まります。

とくにココ！
・下腹

1 あおむけに寝て、ひざを立てる 手は手のひらを下にして おしりの下に入れる

左右のひざを合わせる

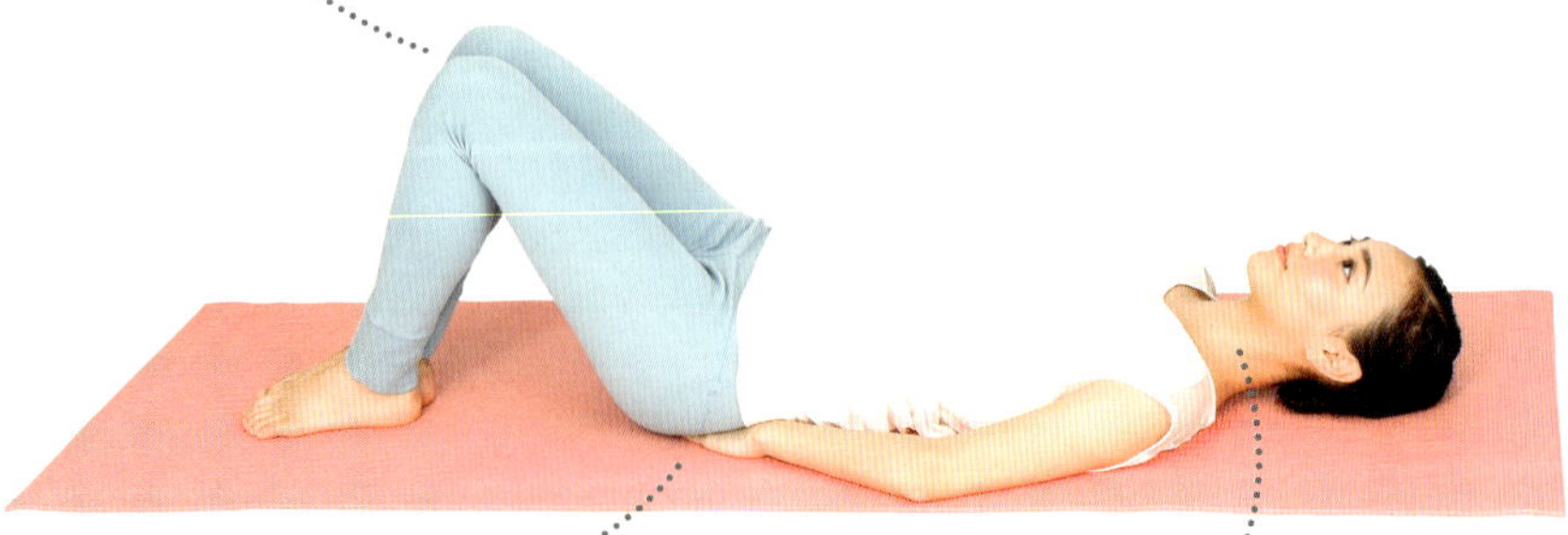

手のひらを下にして、おしりの下の腰寄りの位置に入れるとラクにできる

首は起こさない

コレに効く！ ●下腹解消　●骨盤矯正　●腰痛改善　●姿勢改善
●インナーマッスル強化による全身のダイエット　など

2 脚を60度ぐらいまで持ち上げて、足先でアルファベットを書く

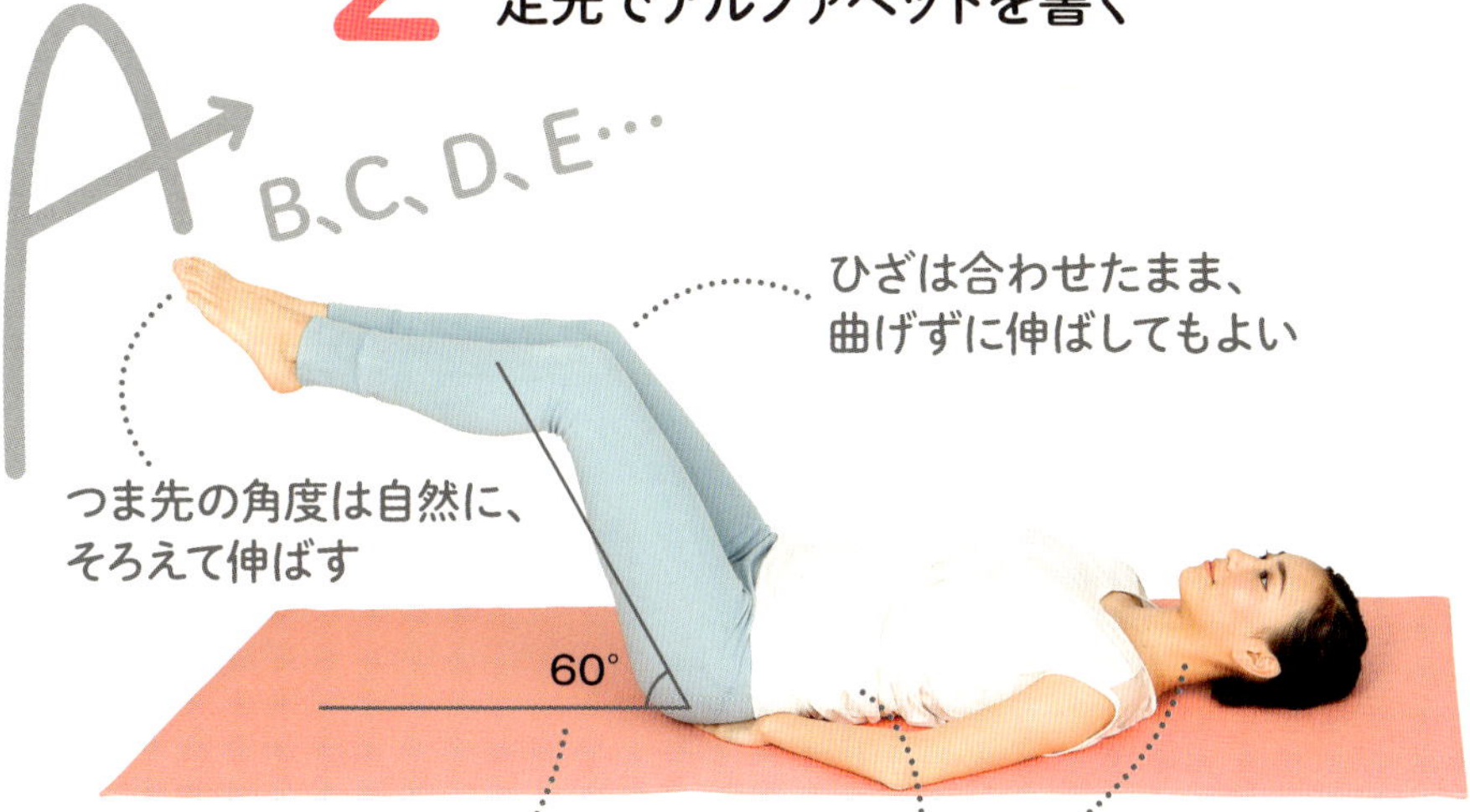

ひざは合わせたまま、
曲げずに伸ばしてもよい

つま先の角度は自然に、
そろえて伸ばす

腰と首が
持ち上がらないように

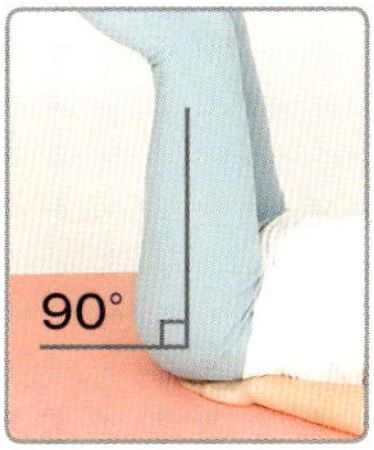

きつい場合は
脚の角度を
90度に

日によって、ひらがなや
カタカナに変えてもよい

〈頭から見た図〉

A~Zまで1回

1日1回

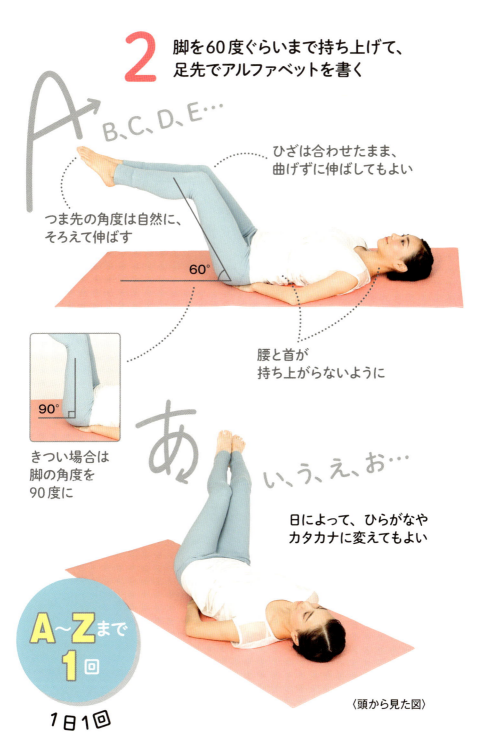

B わき腹ダイレクト

体をねじる動きでくびれを作り、下腹をへこませます。両手を前に出すことで、より腹部に負荷をかけられます。

とくにココ！
- くびれ
- 下腹

1 脚を伸ばして座り、手のひらを下にして両腕を水平に前に伸ばす

正面を見る
手のひらを下にして
水平に伸ばす
背筋を伸ばす
つま先の角度は
自然に
かかとをつける
ひざを
自然に曲げる

コレに効く！	●くびれを作る ●下腹解消 ●肩こり改善 ●骨盤矯正 ●腰痛改善 ●太ももを細くする など

2 顔は正面を向いたまま、腕が真横にくるまで、腰を左右にねじる

正面を見続ける
両腕は水平のまま
真横に動かす
右
左
腰から
ねじる
背筋は
伸ばしたまま

一度中心に
戻ってから…
右
左
反対方向も
行う

左右1セット×20回

1日1回

筋力と脂肪燃焼をより強化！ スリムボディメソッド

C 腕立てスイングふっきん

腕立ての状態で腰を左右に揺さぶることで、下腹を中心に、全身を強力に刺激し、鍛えることができます。

とくにココ！
・下腹
・バストアップ

1 腕立てふせの姿勢をとり、腰を上げて三角形を作る

頭を
少し上げる

腰を
高く上げる

足を
肩幅ぐらいに開く

視線は
手の位置

角度をゆるやかにすると、
負荷がよりかかるため
効果がアップする

かかとは
地面につけても
つけなくてもよい

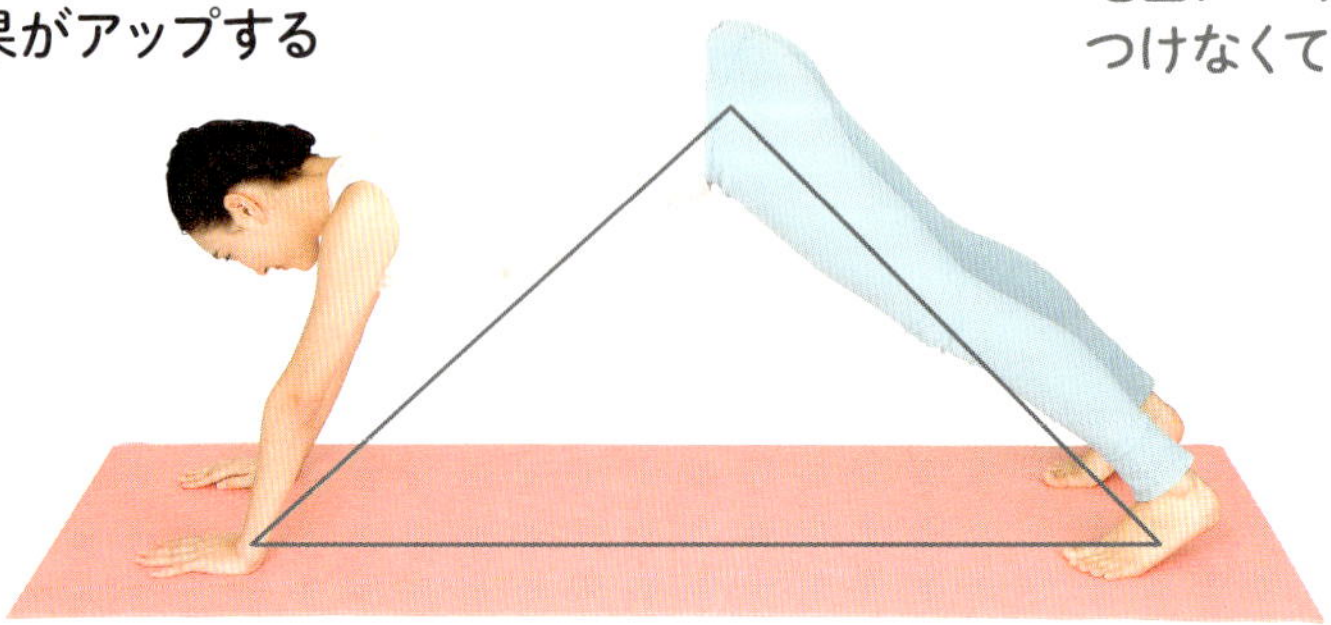

2 腰をゆっくり20度ほど左右にそれぞれ倒す

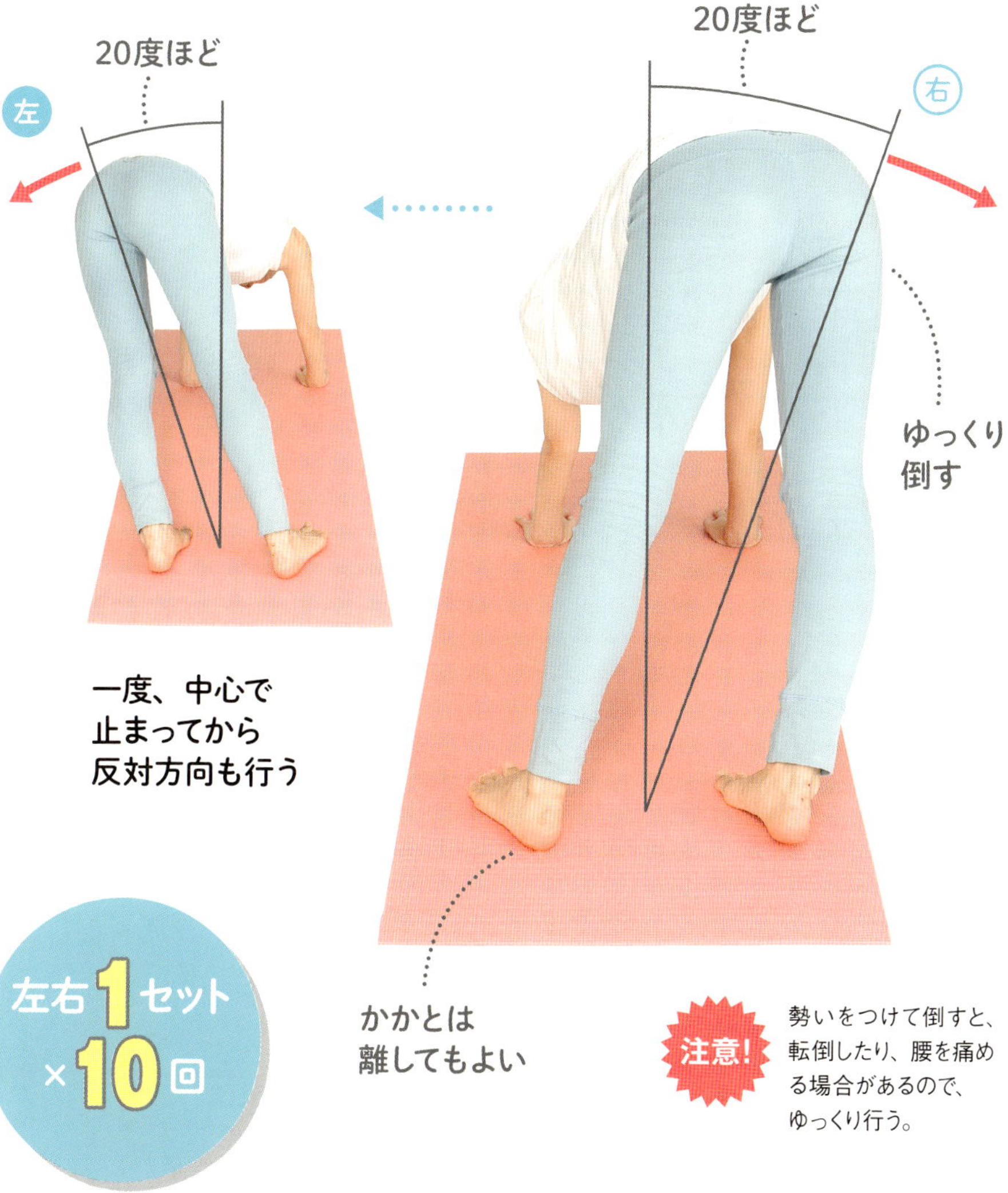

一度、中心で
止まってから
反対方向も行う

かかとは
離してもよい

左右1セット×10回

1日1回

注意! 勢いをつけて倒すと、転倒したり、腰を痛める場合があるので、ゆっくり行う。

コレに効く!
- 下腹解消
- バストアップ
- 二の腕を細くする
- 脚を細くする
- ヒップアップ
- 腰痛改善
- インナーマッスル強化による全身のダイエット

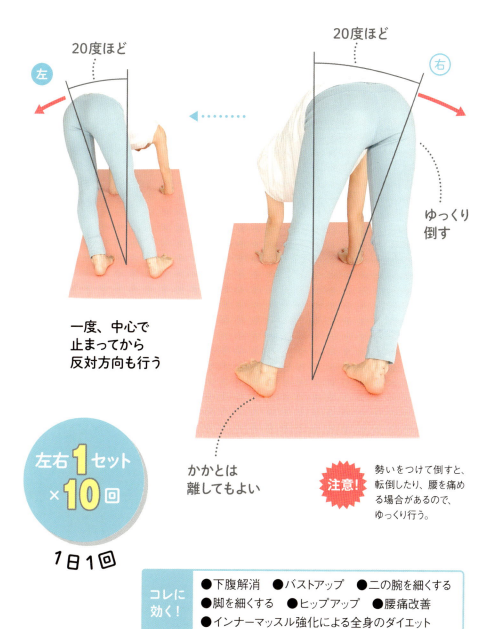

お悩みその2　姿勢をよくして、立ち姿美人になりたい！

全身の骨格を整える

ゆがみ解消メソッド

A 足ふりステップス

片足立ちで足をふることで、骨盤まわりの筋肉を鍛え、反り腰を改善。内臓下垂による下腹をへこませます。

とくにココ！
- 反り腰
- 下腹

1 姿勢を正し、正面を見る

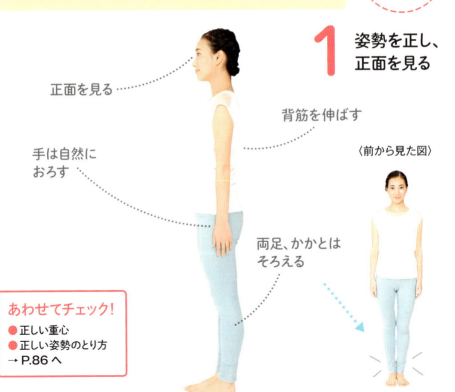

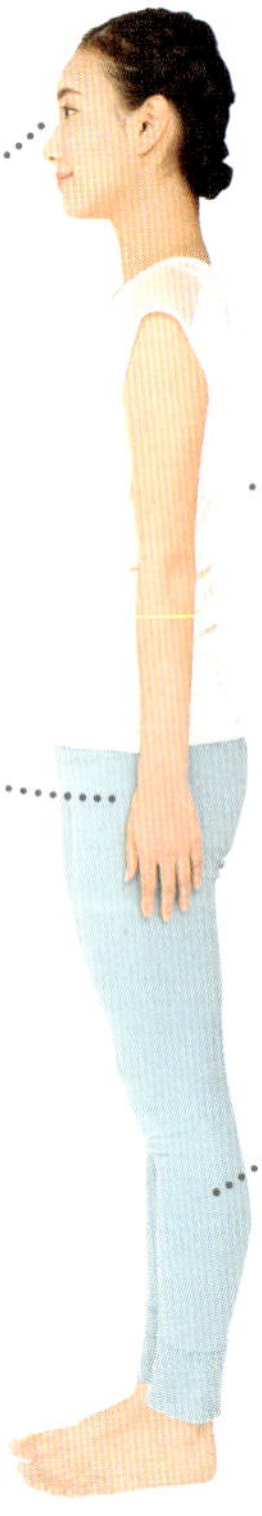

正面を見る
背筋を伸ばす
手は自然におろす
両足、かかとはそろえる

〈前から見た図〉

あわせてチェック！
- 正しい重心
- 正しい姿勢のとり方

→ P.86 へ

2 ひざを曲げ、太ももを60度くらいまで上げて その状態から、ひざをゆっくり伸ばす

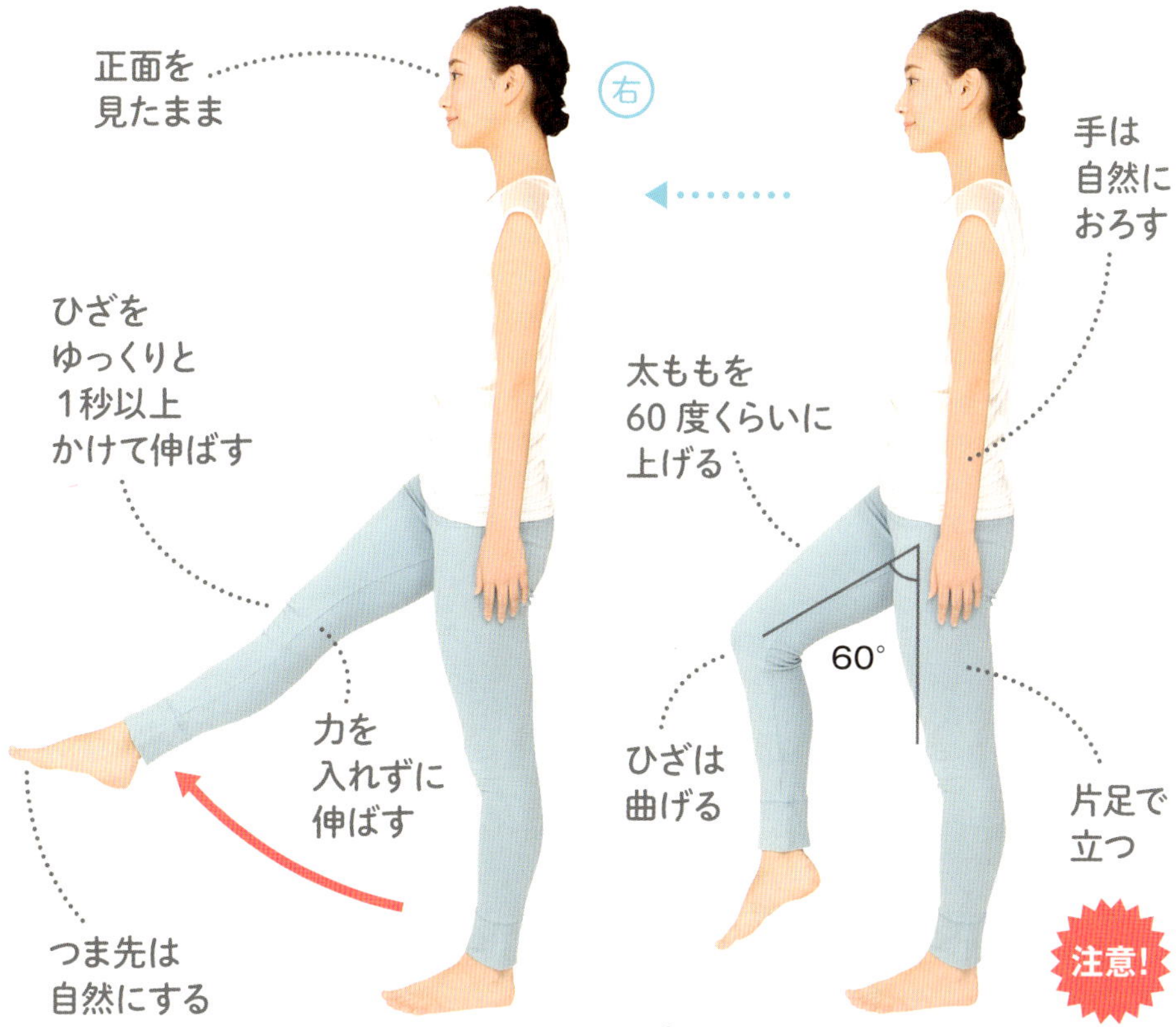

注意!

片足立ちで倒れそう
になる場合は、壁に
手をついて行う。

左右1セット ×10回

1日2回

コレに効く!

- 反り腰改善
- 下腹解消
- 脚の長さの左右差改善
- おしりを鍛える
- 脚を細くする
- くびれを作る　など

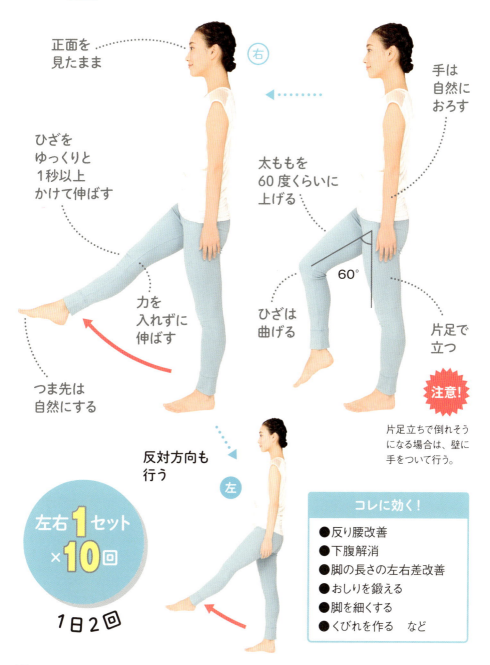

B 骨盤ステップス

脱力した状態でぴょんぴょん跳ねるだけで、ゆがみを矯正。
背骨の配列も下から上に整えられ、姿勢も改善されます。

とくにココ！
•ゆがみ
•姿勢

1 両腕をだらんと下に垂らした状態で跳ねる

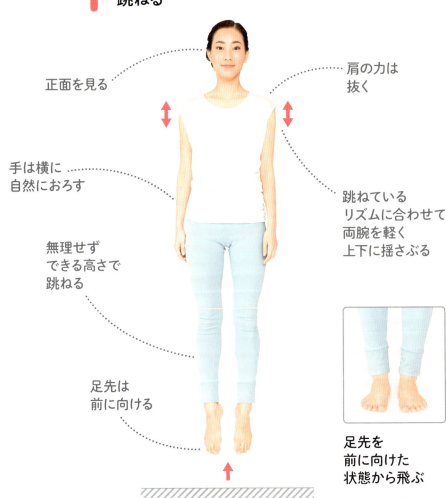

正面を見る
肩の力は抜く
手は横に自然におろす
跳ねているリズムに合わせて両腕を軽く上下に揺さぶる
無理せずできる高さで跳ねる
足先は前に向ける

足先を前に向けた状態から飛ぶ

骨盤のタイプで
跳ね方を変える

あわせてチェック!
●骨盤チェック
→P.53へ

骨盤後傾タイプ

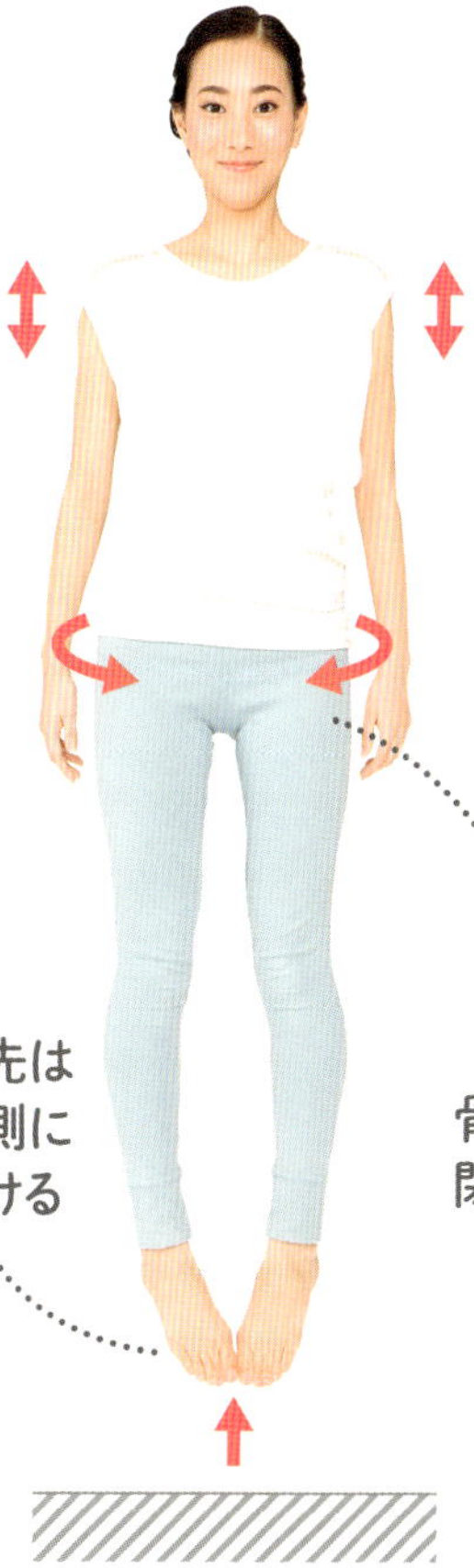

足先は
内側に
向ける

骨盤の前方を
閉じるイメージ

足先をつけて
内股にした
状態から跳ぶ

骨盤前傾タイプ

骨盤の前方を
開くイメージ

足先は
外側に
向ける

かかとをつけて
外股にした
状態から跳ぶ

1回 30秒
1日2回

コレに効く!
●全身のゆがみ改善　●姿勢矯正　●骨盤矯正
●血行改善　●肩こり改善　●五十肩改善
●冷え性改善　●自律神経調整　など

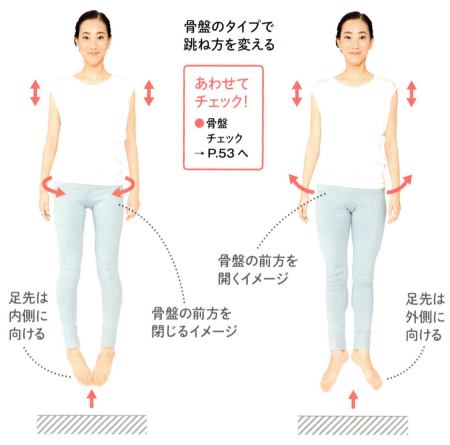

C 白鳥のポーズ

全身の左右差を確認し解消できる、自己矯正メソッド。背骨の配列も整えるので、全身のゆがみも解消できます。

とくにココ！
- 左右差
- ゆがみ

1 あおむけに寝て、両腕を頭上に伸ばし、手のひらを合わせる

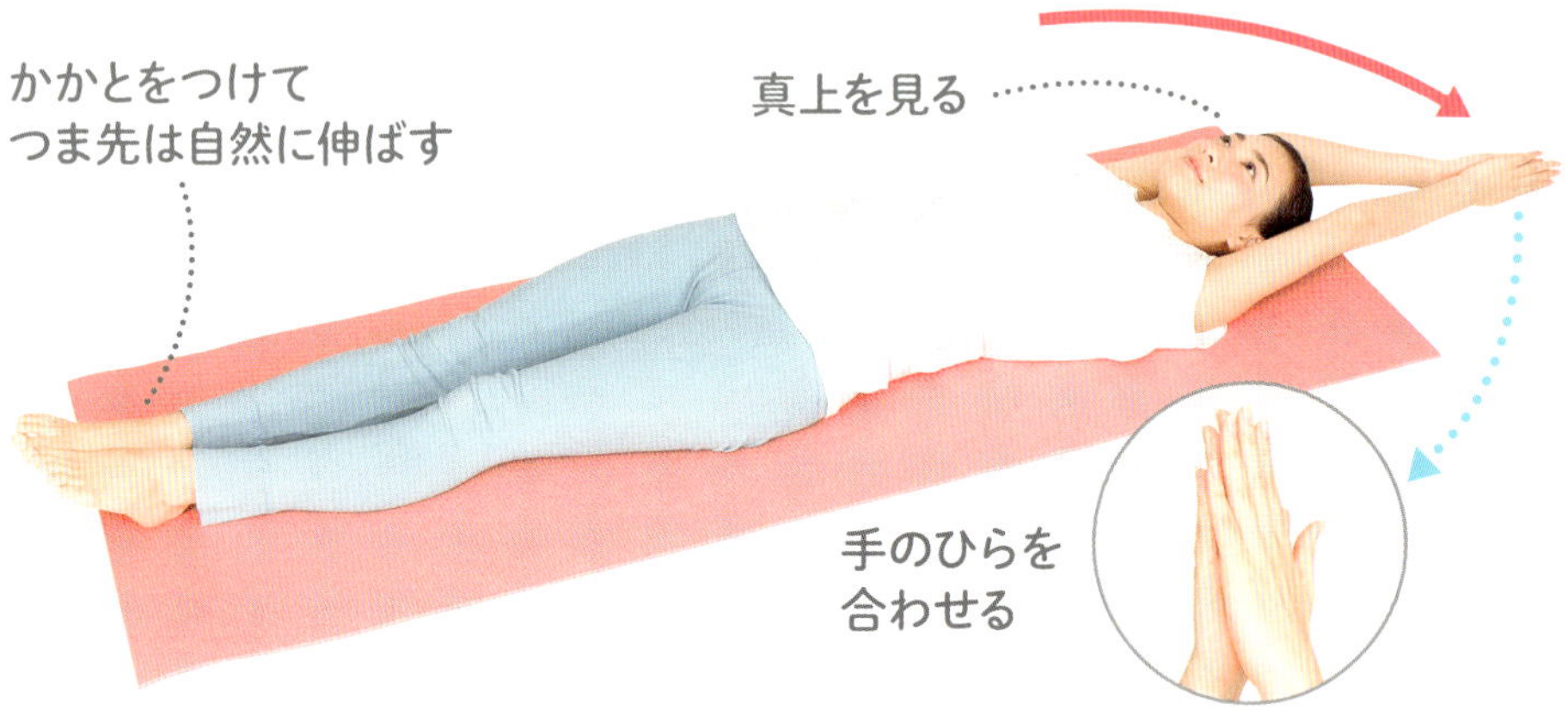
かかとをつけて
つま先は自然に伸ばす
真上を見る
手のひらを
合わせる

2 手のひらを合わせたまま、両腕を真上に上げ、どちらの腕が短いか確認する

手のひらは
合わせたまま
右
左
左腕が短い場合

3 再度、両腕を頭上に伸ばし、手の甲を合わせる

手の甲を
合わせる

4 短い腕とは反対側に上半身を曲げて、短い腕と同じ側の脚を5秒間伸ばす

1回5秒

1日2回

短いほうの左手と
反対側に曲げる
腰から
曲げる
右
左
1.2.3.4.5
左腕が短い場合は
左側の脚を
5秒間伸ばす

コレに効く！	●全身の左右差改善　●全身のゆがみ改善 ●脚の長さの左右差改善 ●背骨の配列を整える　●姿勢矯正

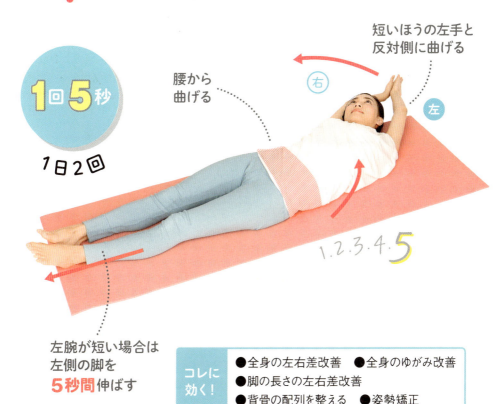

お悩みその3　慢性の便秘でお腹ぽっこり…

おどろくほどお腹スッキリ！

便秘解消メソッド

A　Hi Ben! こぶしでグー

大腸の入口から順にこぶしで押し、腸の蠕動運動を促します。便器に腰かけながらでもできる、大腸刺激メソッドです。

とくにココ！
- 便秘
- 下腹

1　座った状態で、右手のこぶしを右下腹部にあてる

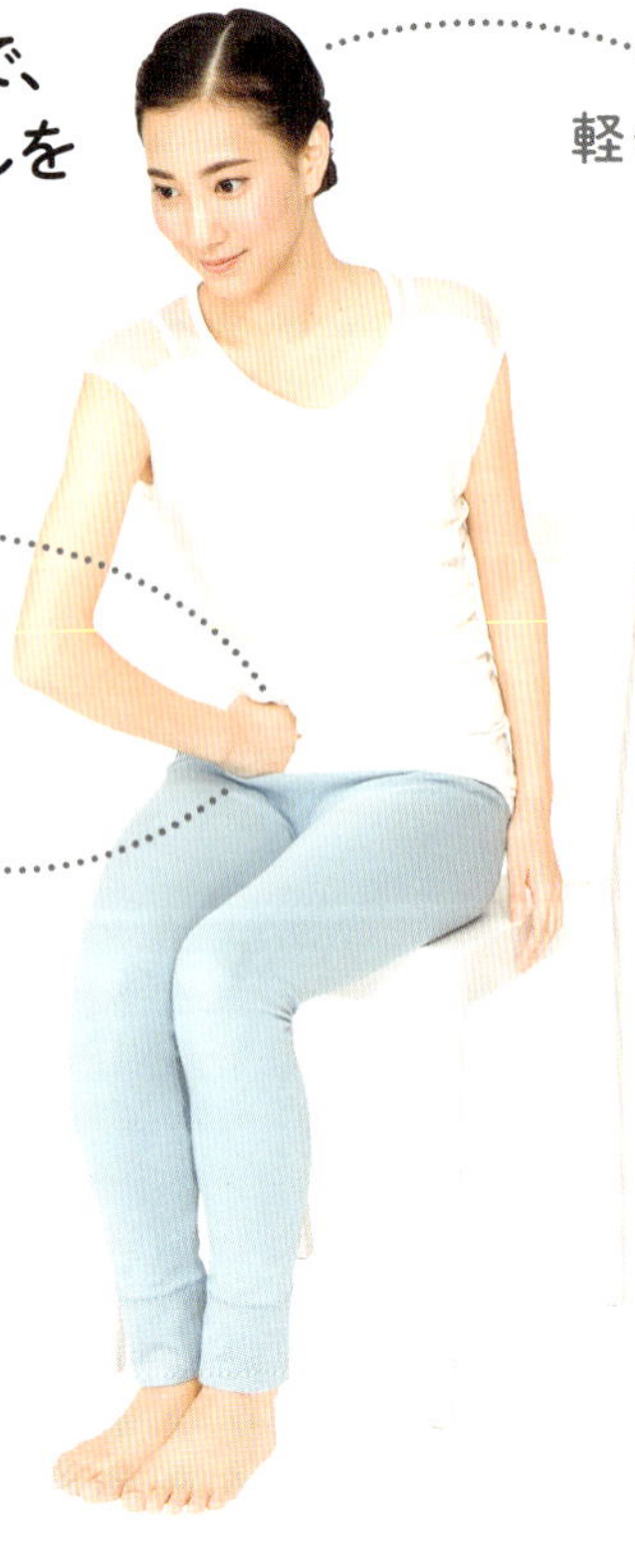

軽く前かがみになる

右下腹部の❶の部分をおさえる

こぶしを作って、指の部分をあてる

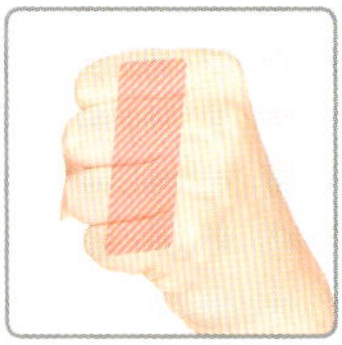

指の第二関節と第三関節の間を、なるべく並列にした状態で押しあてる。

〈❶～❿の順に押す〉

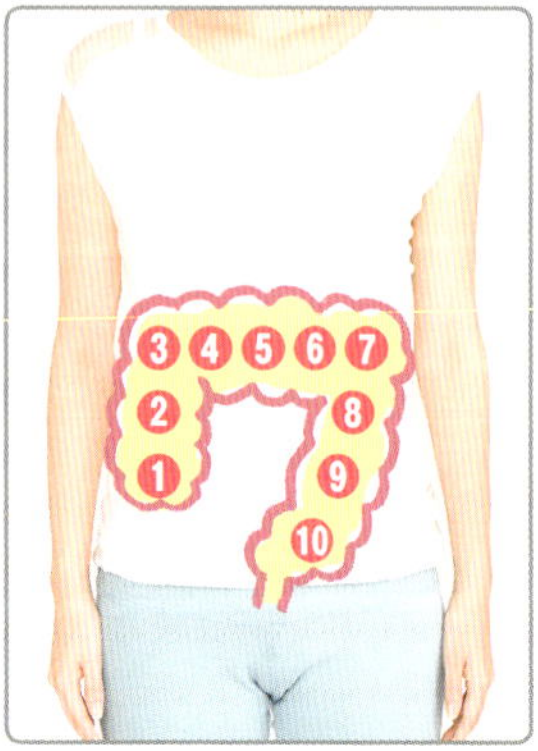

大腸に沿って、右下腹部から、肋骨の下を横に通り、左下腹部まで順に押していく。押すポイントは10か所程度（体の大きさによって増減する）。

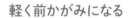

2 左手で右手首をつかみ、こぶしを下腹部に押し入れ、前かがみになり、そのまま10秒キープ。一度上体を起こしてから、同様に左下腹部まで押す位置を動かしていく

1.2.3.4.5.6.7.8.9.10

深く前かがみになる

左手で力を加えて右手のこぶしを押し入れる

左手で右手首をつかむ

〈横から見た図〉

❻からは、押し入れる手を左右反対にする

10か所程度を
10秒ずつ

1日1回

これくらい深く前かがみになると、より効果的

コレに効く！	●便秘解消 ●下腹解消

B 大腸ふりふり

前ページと同様の大腸刺激メソッド。おしりをふることで大腸の蠕動運動をより促し、骨盤まわりのゆがみも整えます。

とくにココ！
•便秘
•下腹

1 あおむけに寝て、両ひざを立て、右のこぶしを肋骨下の左腹部にあてる

右のこぶしをあてる

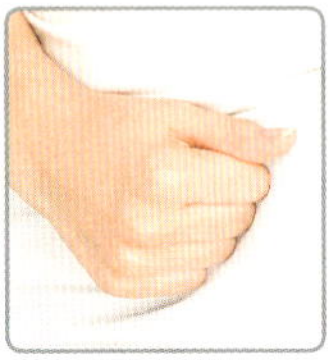

こぶしを作り、
手のひらのほうを
腹部にあてる。

真上を見る

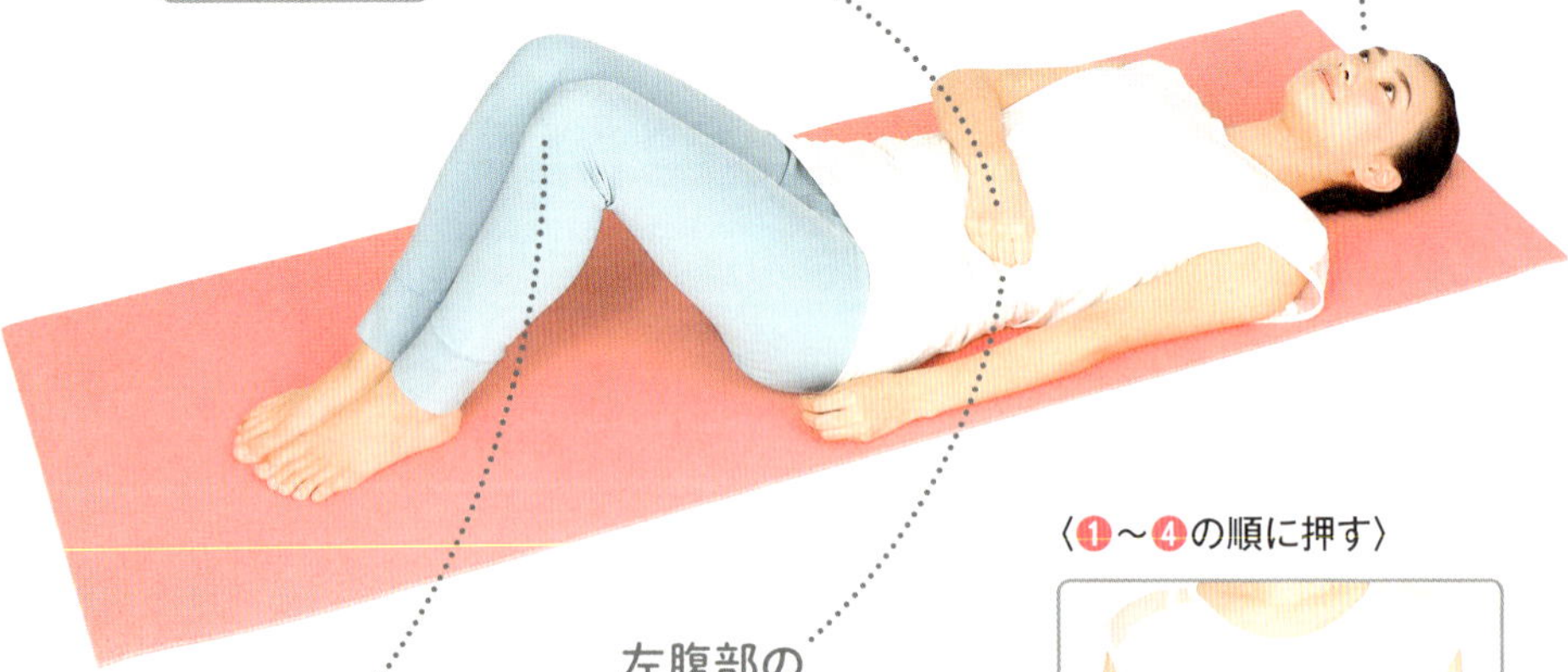

左腹部の
❶の部分を
おさえる

両脚は閉じ、
ひざを軽く曲げる

〈❶～❹の順に押す〉

左腹部の大腸（下行結腸）に沿って、❶の肋骨下から❹の左下腹部までを順に押していく。押すポイントは４か所程度（体の大きさによって増減する）。

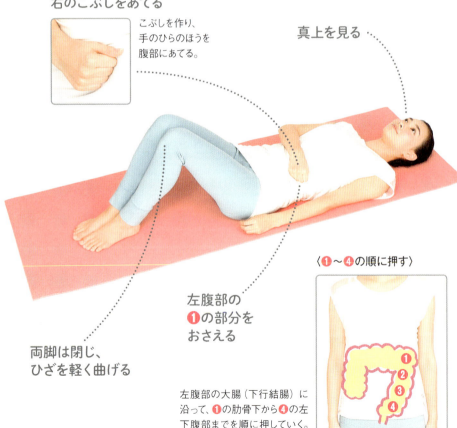

2 左脚を上げ、左手で左ひざを腹部に押しつける。右手のこぶしが腹部に入るのを感じながら、10 秒間おしりを左右にふる。一度、左脚を戻し、こぶしを順に移動して同様にくり返す。

1.2.3.4.5.6.7.8.9.10

左手で左ひざをおさえ、
腹部に押しつける

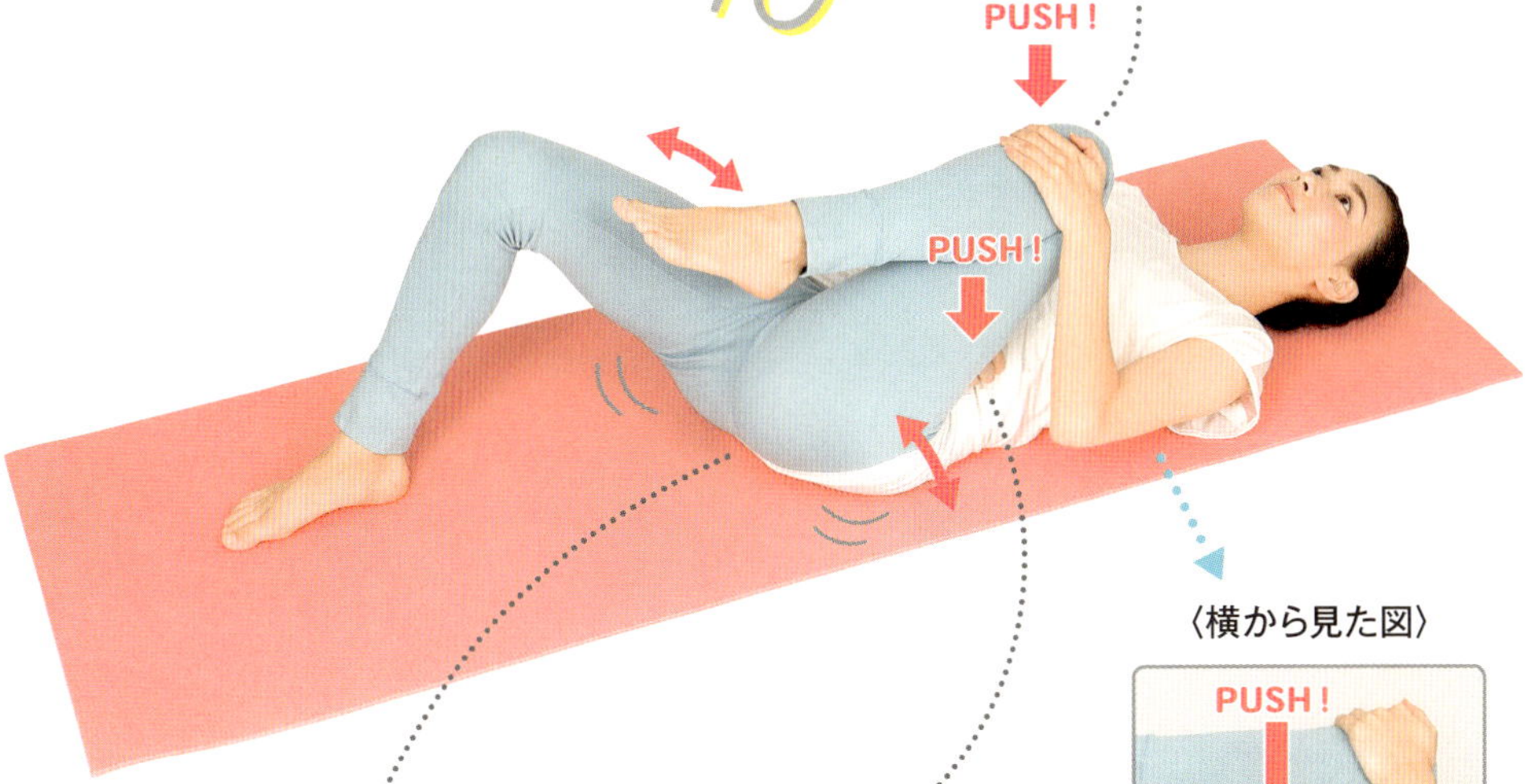

床を拭くように
左右におしりを動かす

押しつけられた
左脚に圧迫され、
右手のこぶしが
腹部に入る

〈横から見た図〉

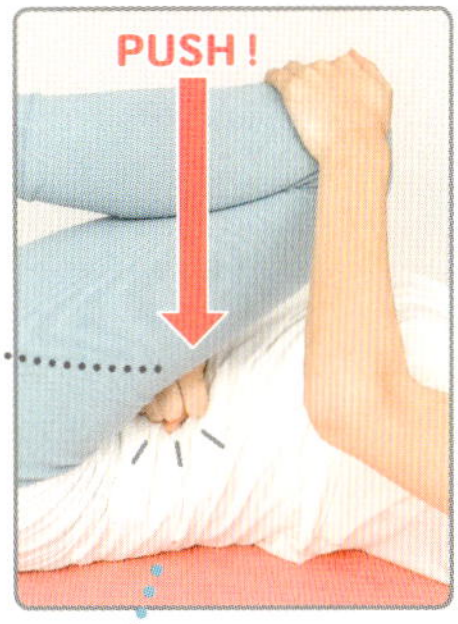

左脚は
一度元に戻す

〈❶～❹の順に押す〉

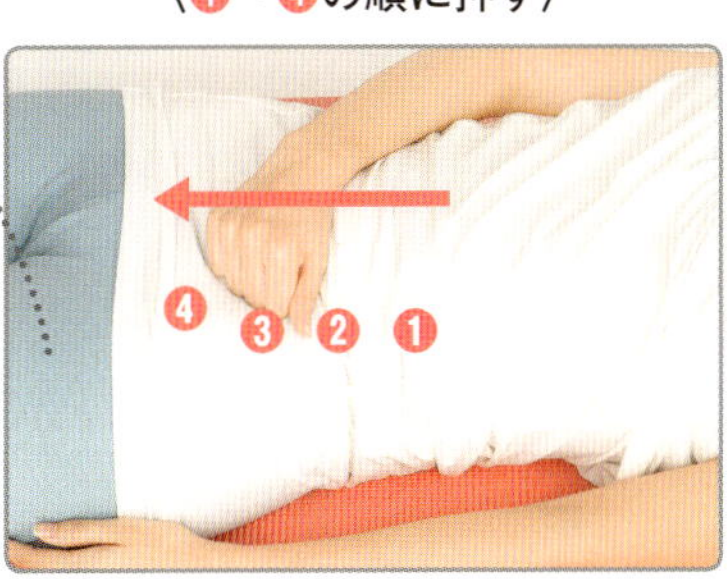

4か所程度を 10 秒間ずつ

1日1回

コレに効く！

- 便秘解消
- 下腹解消

など

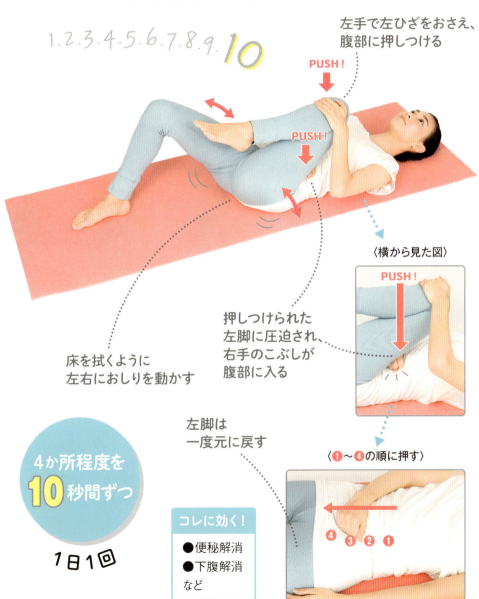

C 骨盤底筋シメール

骨盤底筋を鍛えることで、便を押し出す力が強くなります。
尿もれ、骨盤のゆがみ、子宮脱などの予防・解消にも◎。

とくにココ！
- 便秘
- 尿もれ

1 気をつけの姿勢から、両腕を伸ばし頭上で手のひらを合わせる。右足を前にして脚を交差させ、骨盤底筋を 8 秒間しめる

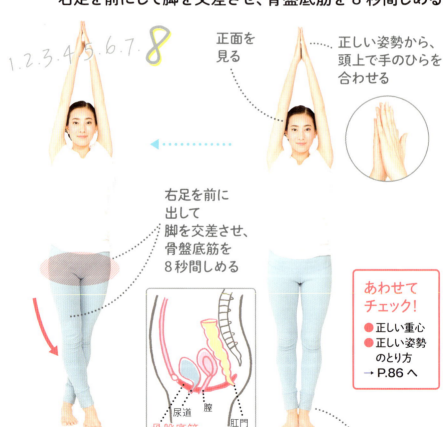

1.2.3.4.5.6.7.8
右足を前に
出して
脚を交差させ、
骨盤底筋を
8秒間しめる

正面を
見る
正しい姿勢から、
頭上で手のひらを
合わせる
両足・かかとは
合わせる

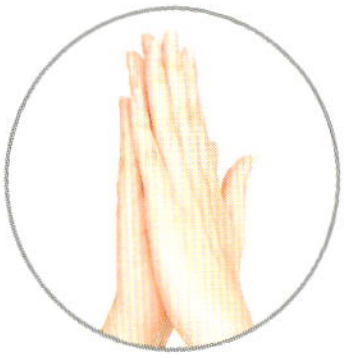

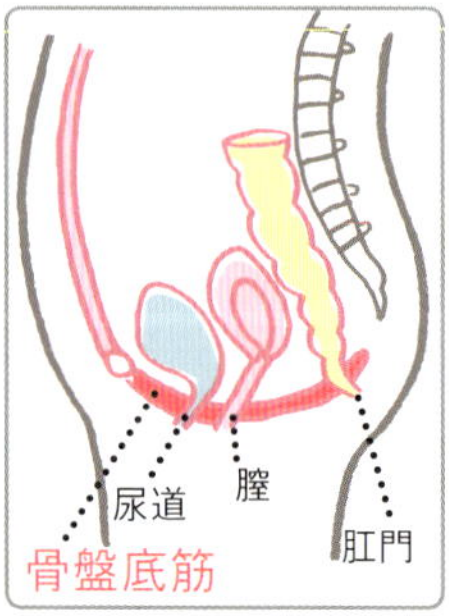
尿道
膣
肛門
骨盤底筋

骨盤底筋とは、骨盤の底で、膀胱、子宮、腸などが下がらないように支えている筋肉群のこと。お腹に力を入れずに、排尿を途中で止めるときのように肛門と膣をゆっくりしめていくと骨盤底筋がしまる。

あわせてチェック！
- 正しい重心
- 正しい姿勢のとり方

→ P.86 へ

2 左足を横に大きく広げ、腕とおしりを下げながら、再度、8秒間骨盤底筋をしめる

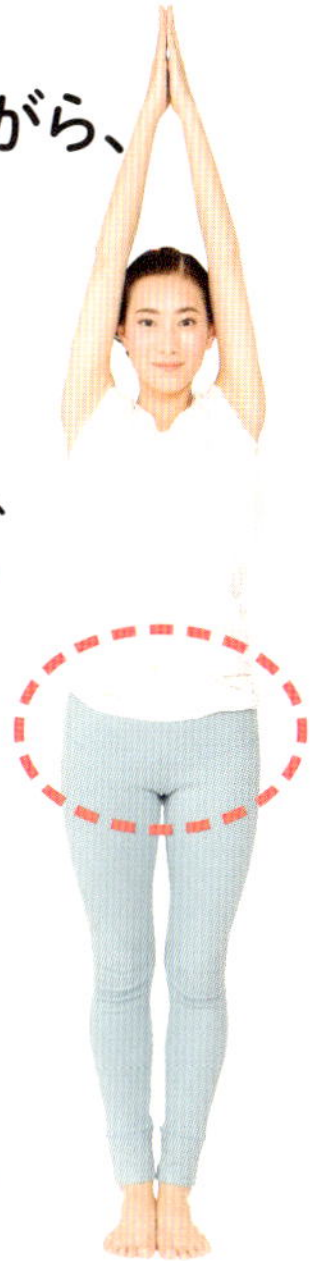

一度、元の体勢に戻り、骨盤底筋もゆるめる

1.2.3.4.5.6.7.8

手のひらを合わせたまま胸の前まで下げる

左脚を大きく広げておしりを下げる

ゆっくりおしりを下げながら、骨盤底筋を8秒間しめる

つま先は外側に向ける

〈横から見た図〉

おしりはまっすぐにおろす。

元の体勢に戻り、左側も同様に行う

左右1セット×2回

1日2回

コレに効く！

- 便秘解消
- 尿もれ
- 下腹解消
- 骨盤矯正
- 冷え性改善
- 腰痛改善

など

お悩みその4 日々の不調をなんとかしたい！

体の機能を向上させよう！

不調改善メソッド

A ひえむく体操

あおむけの体勢で、手と足をぶつけることで血行が促進され、下腹だけではなく、冷え性やむくみ、便秘などを改善。

とくにココ！
•冷え性
•むくみ

1 あおむけに寝て、両手、両足を上に上げる

手のひらを足側に向ける
つま先を伸ばす
両腕を垂直に伸ばす
ひざを曲げて胸に近づける
首を軽く起こす

2 足のつま先と手のひらを、片方ずつ交互にぶつけ合わせる

なるべく
強めにぶつける

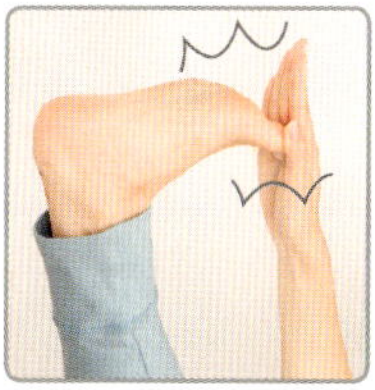

強めにぶつけることによって、手足の末端の血管が拡張し、冷え性やむくみの改善につながる。

同じ側の手足を、
双方から動かして
ぶつけ合う

首は起こしたまま

左右交互に
リズムよくぶつけ合う

左右**1**セット
×**20**回

1日1回

反対も同様に
ぶつけ合う

コレに効く！	●冷え性改善　●むくみ改善　●下腹解消 ●便秘解消　●小尻効果　など

B 胸いっぱいの呼吸

こぶしを背中にあてると胸が開き、深い呼吸ができます。
デスクワークの合間など、1日に何度も行いましょう。

とくにココ！
・血行
・リラックス

1 両手のこぶしを背中にあてる

立っても座ってもよい

両手のこぶしを背中にあてる

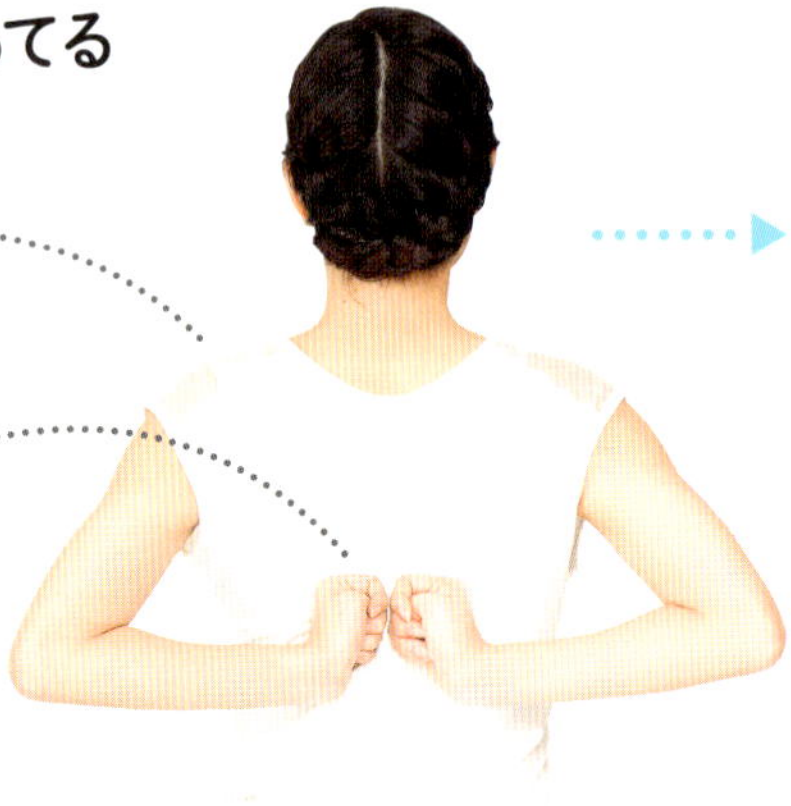

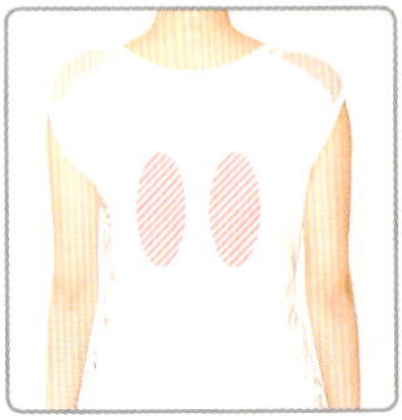

背骨の両脇にこぶしをあてる

両方のこぶしを、背骨の両脇のなるべく高い位置にあてる。

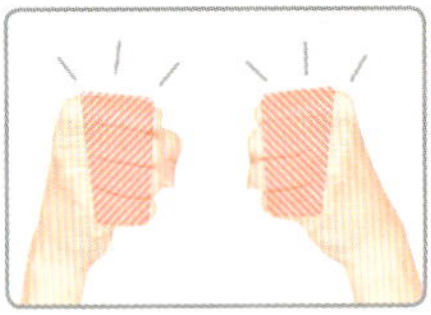

指の第二関節と第三関節の間を、なるべく並列にした状態で押しあてる。

2 深呼吸をする

鼻から吸い、口から吐く
→ P.34 へ

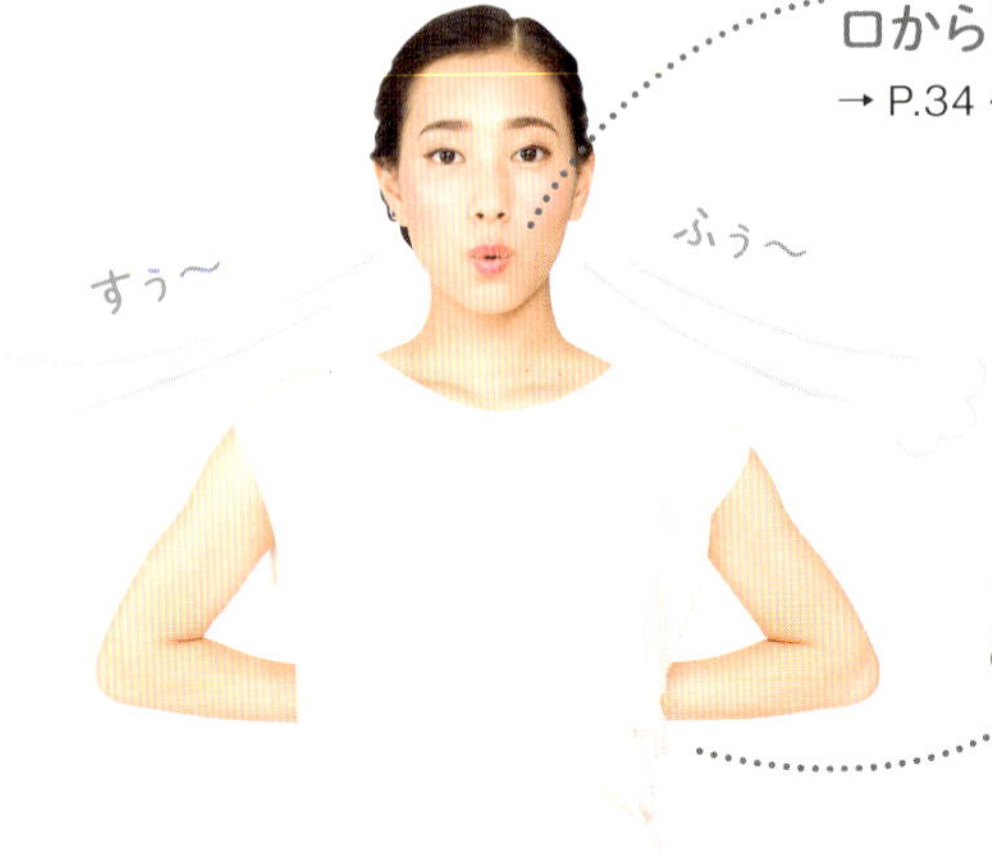

こぶしはあて続ける

コレに効く！

- 血行改善
- リラックス効果
- 下腹解消
- 冷え性改善
- 便秘解消

など

C 骨盤ツイスト

骨盤をツイストすることで、血行を促進し、背骨を整え、骨盤のゆがみを矯正します。姿勢矯正や下腹解消効果も。

とくにココ！
- 骨盤
- 血行

1 両腕を肩と水平に上げ、ひじを直角に曲げ、手のひらは外側に向ける

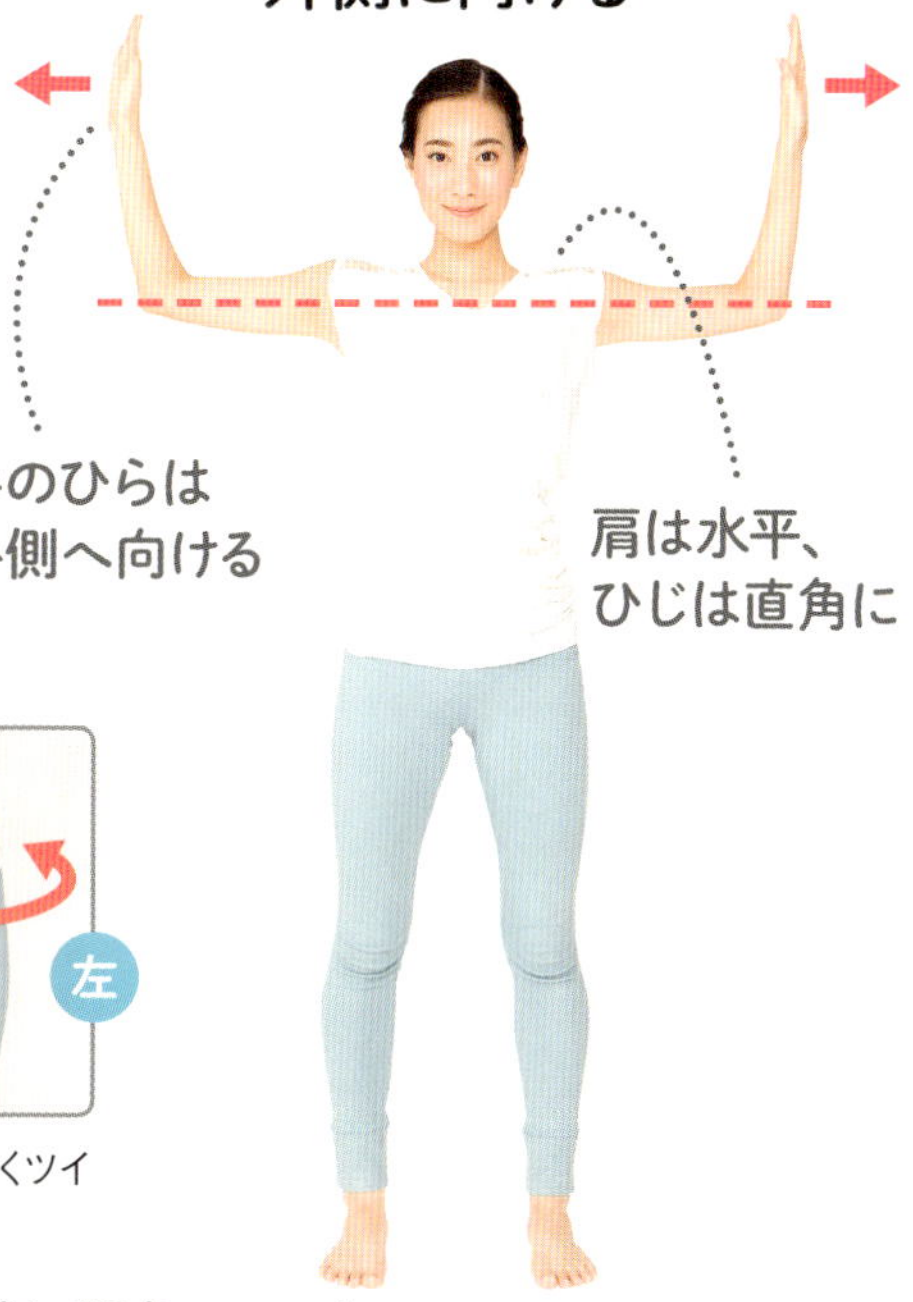
手のひらは
外側へ向ける
肩は水平、
ひじは直角に

両足は自然に開き、つま先は前に向ける

2 上体はそのままで、骨盤を左右にねじる

上体は正面を向いたまま

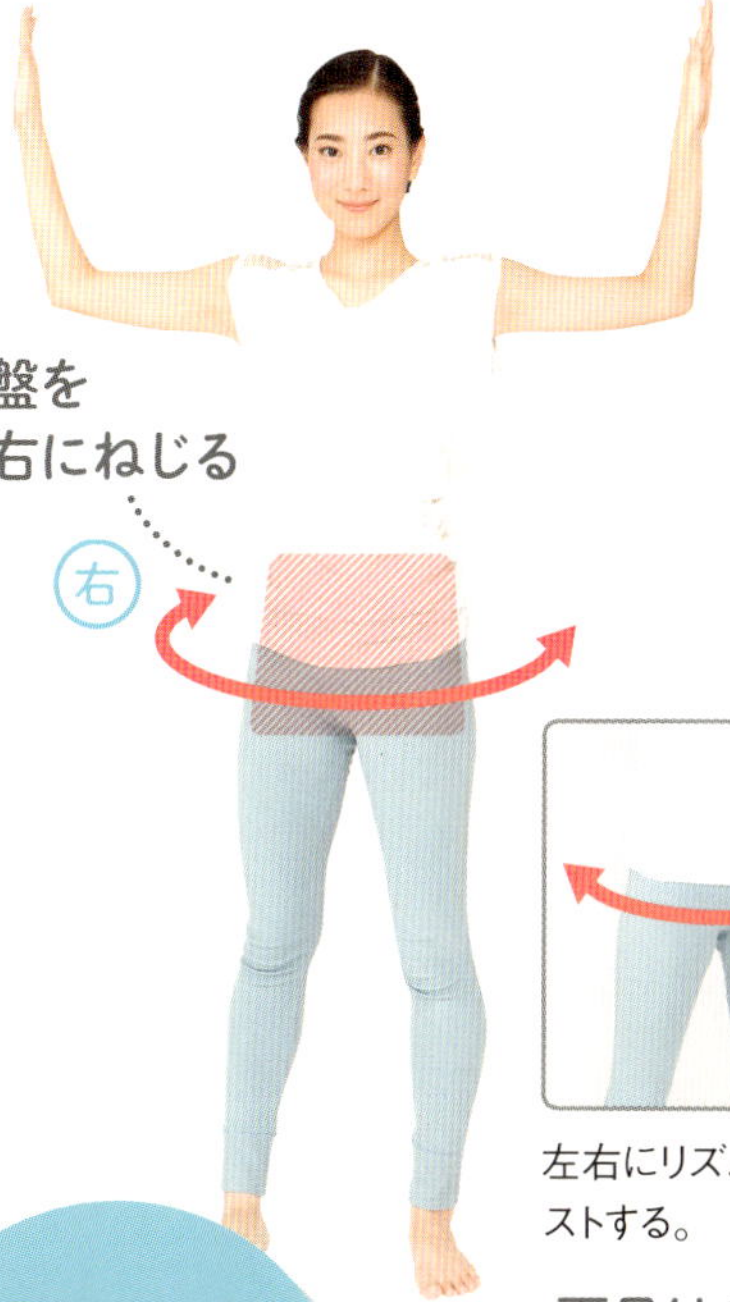
骨盤を
左右にねじる
右

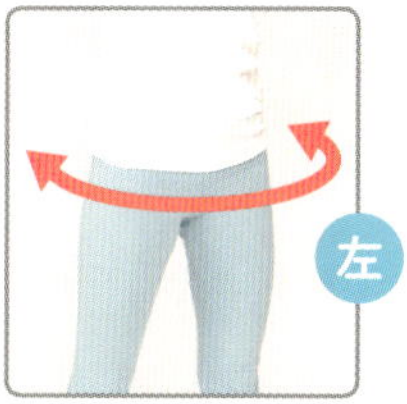
左

左右にリズムよくツイストする。

左右交互に 30秒

1日2回

コレに効く！	
	●骨盤矯正　●血行改善　●下腹解消 ●背骨矯正　●巻き肩の改善　●猫背改善 ●ストレートネック改善　など

お悩みその5　とにかく続かない…、簡単なのがいい！

エクササイズ嫌いにオススメ！

意識改善メソッド

A　1本釣りの法則

立ち姿の意識を少し変えるだけで、おどろくほどの変化があります。続けると骨盤後傾の人には矯正効果も。

とくにココ！

- 姿勢
- ヒップアップ

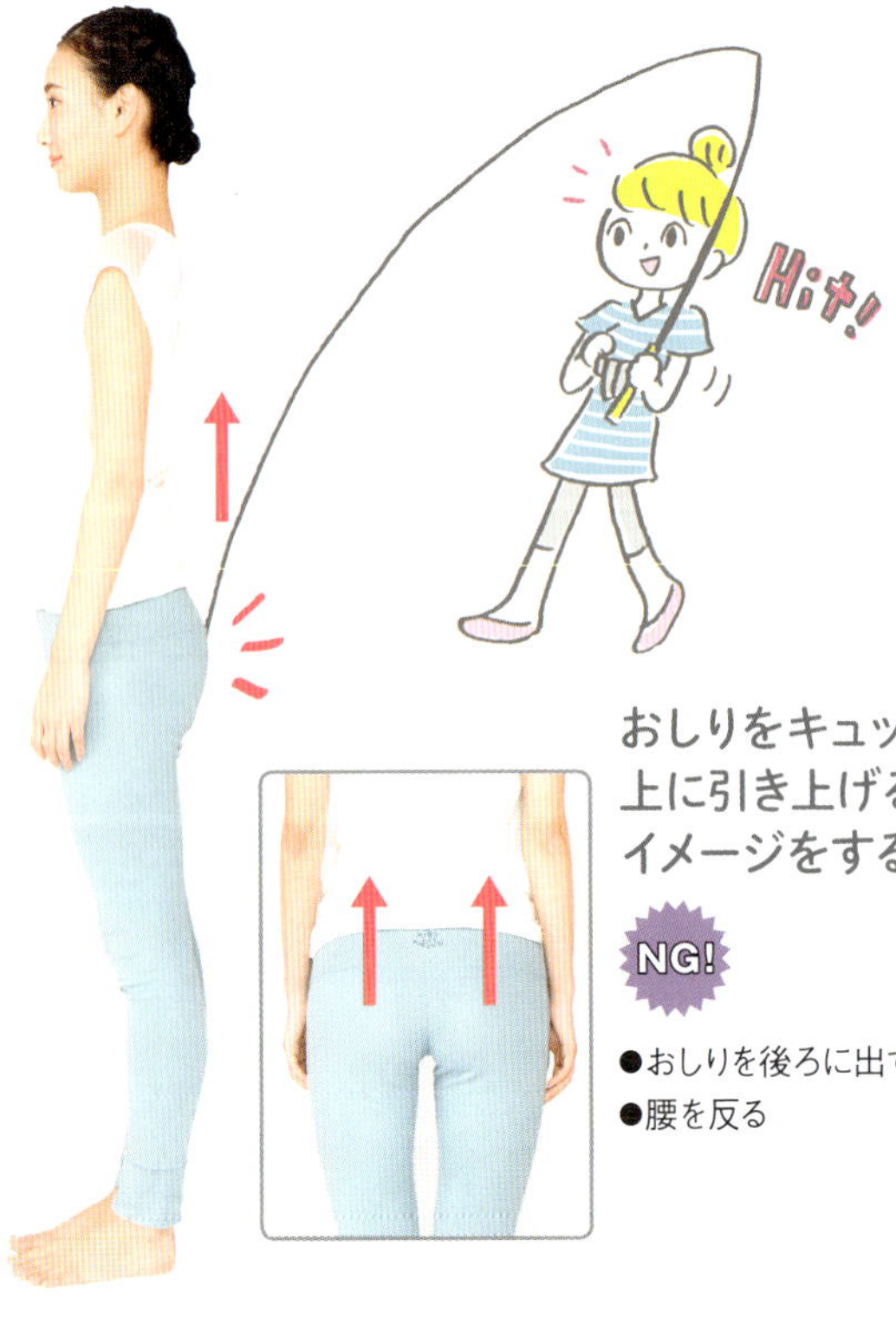

釣り人に、両方のおしりを上から釣られているイメージで立つ

おしりをキュッと上に引き上げるイメージをする

NG!

- おしりを後ろに出す
- 腰を反る

コレに効く！

- 姿勢矯正
- ヒップアップ
- 骨盤後傾の矯正

など

B へそ引きの法則

腹部に意識を集中するので、立ち姿が美しくなるのと同時に、この姿勢をキープすれば下腹解消効果も。

とくにココ！
- 姿勢
- 下腹

正面を向いて立ち、腹部を意識して、おへそだけを少し後方に引く

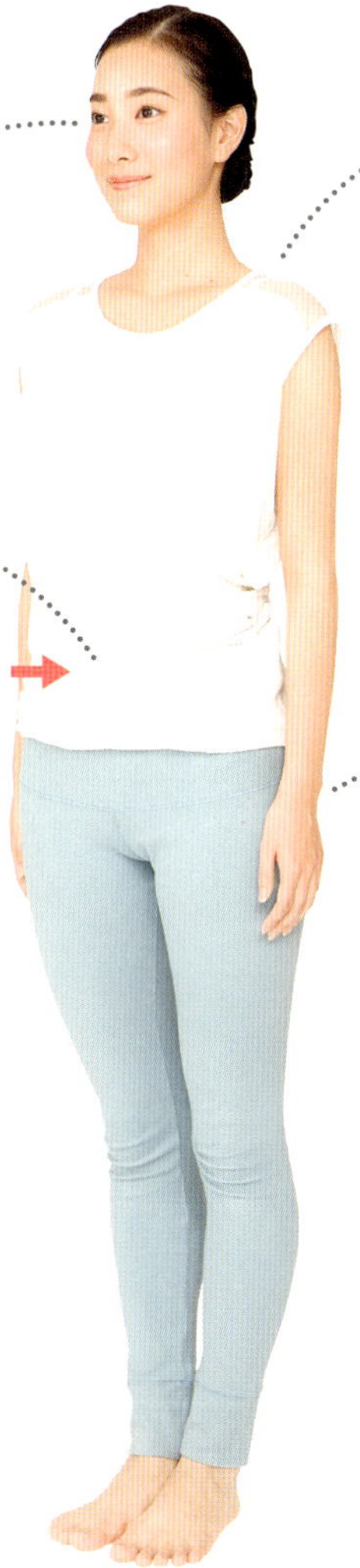

正面を見る

力を入れずに自然に立つ

おしりは後ろに引かない

おへそを1～2cm ほど背中側に引いてへこませる

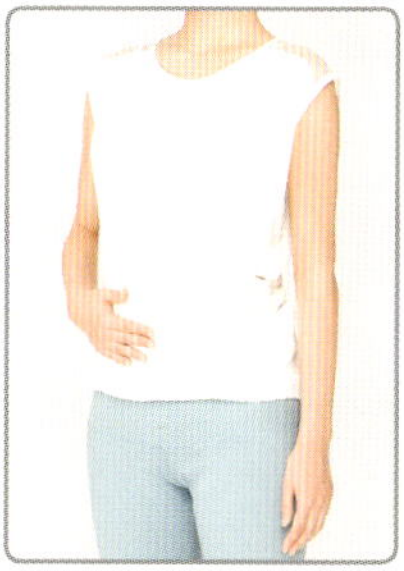

手を添えるとイメージしやすい。

だるま落としのイメージで、おへそ部分だけを引く

コレに効く！

- 姿勢矯正
- 下腹解消

など

C ぽっこり３秒改善法

自然に立った状態から下腹をへこませ、メリハリのある立ち姿に整えます。意識して続けることでバストアップの効果も。

とくにココ！
- 下腹
- 姿勢

1
両腕を肩と水平に上げ、ひじを直角に曲げる。手のひらを正面に向け、胸を前に突き出す

2
そのままの状態から、腰を少しだけ後ろに引く

3
両腕をおろす

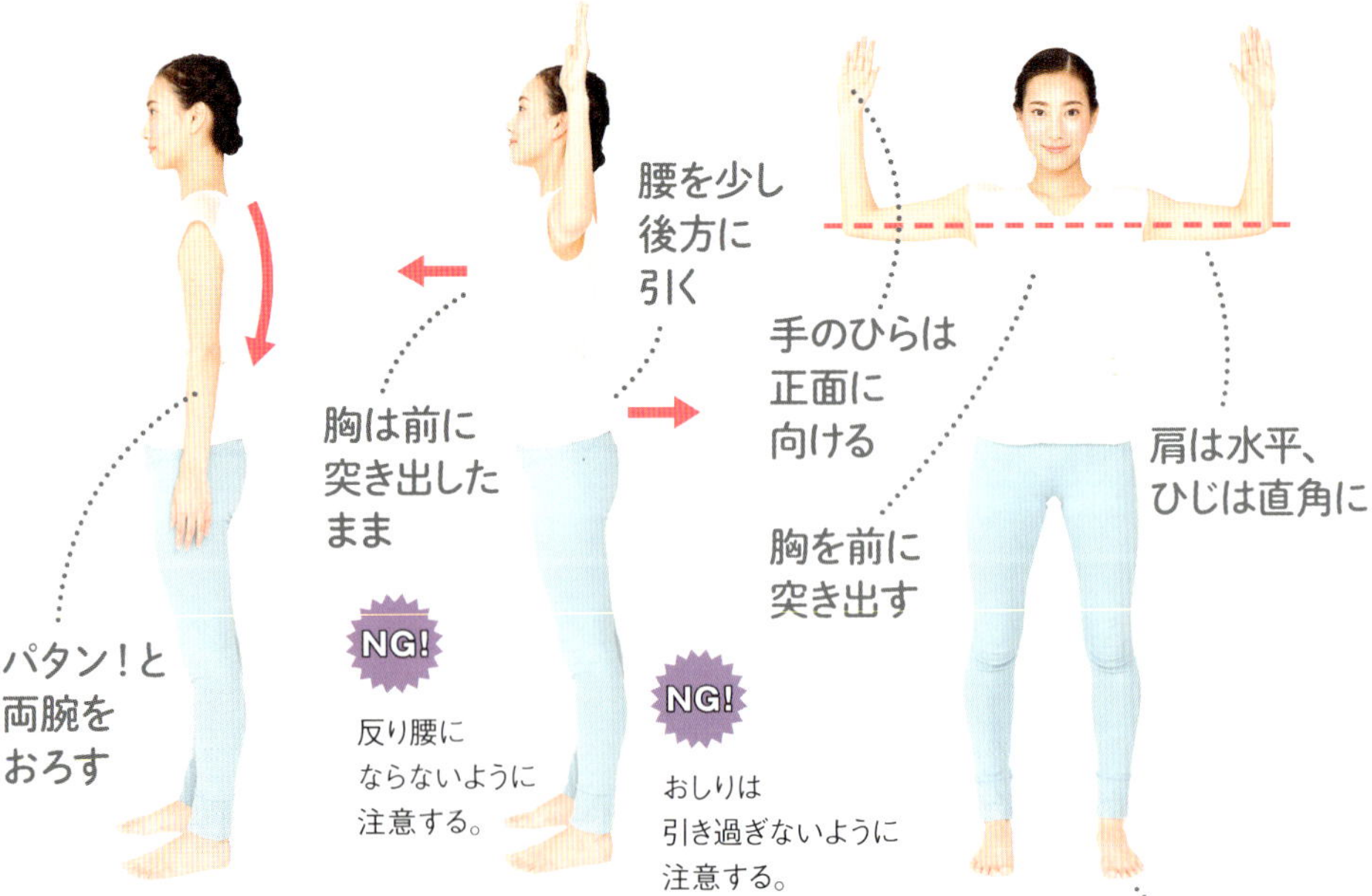

手のひらは正面に向ける
胸を前に突き出す
肩は水平、ひじは直角に
腰を少し後方に引く
胸は前に突き出したまま
NG!
反り腰にならないように注意する。
NG!
おしりは引き過ぎないように注意する。
パタン！と両腕をおろす

〈１秒〉　〈１秒〉　〈１秒〉

つま先は正面に向けて、自然に両足を開く

コレに効く！	●下腹解消　●姿勢矯正 ●バストアップ　●骨盤後傾の矯正　など

PART 4

日常生活から予防する 下腹の出ない習慣

意識を変えるだけで下腹の犯人を撃退！

姿勢を少し変える、食べ方を少し変えるなど、
いつもの習慣を少し変えるだけで、
下腹を防ぐことができます。

正しい重心

まずは理想的な重心の位置を知りましょう。
無駄な筋肉を使わずに、美しい姿勢で動くことができます。

正しい重心とは、「土踏まずの後方、やや内側」

重心をとる位置

1. ❶ 足裏の人差し指から、縦に線を引く
2. ❷ 内くるぶしの前側から、横に線を引く
3. ❸ ❶と❷の交差する点が、理想的な重心の位置

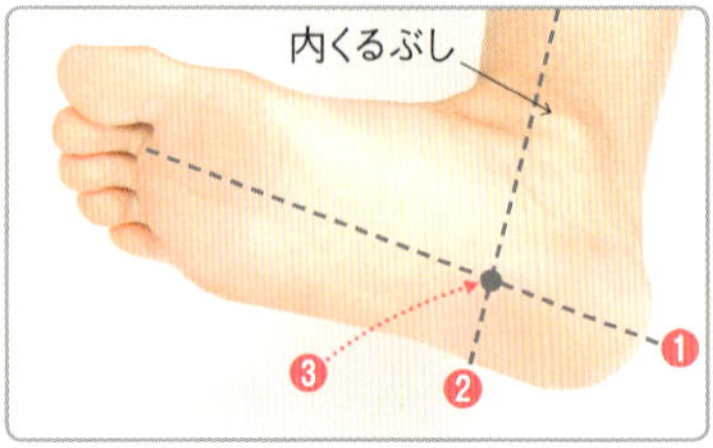

内くるぶし
❶
❷
❸

〈かかと重心の場合…〉

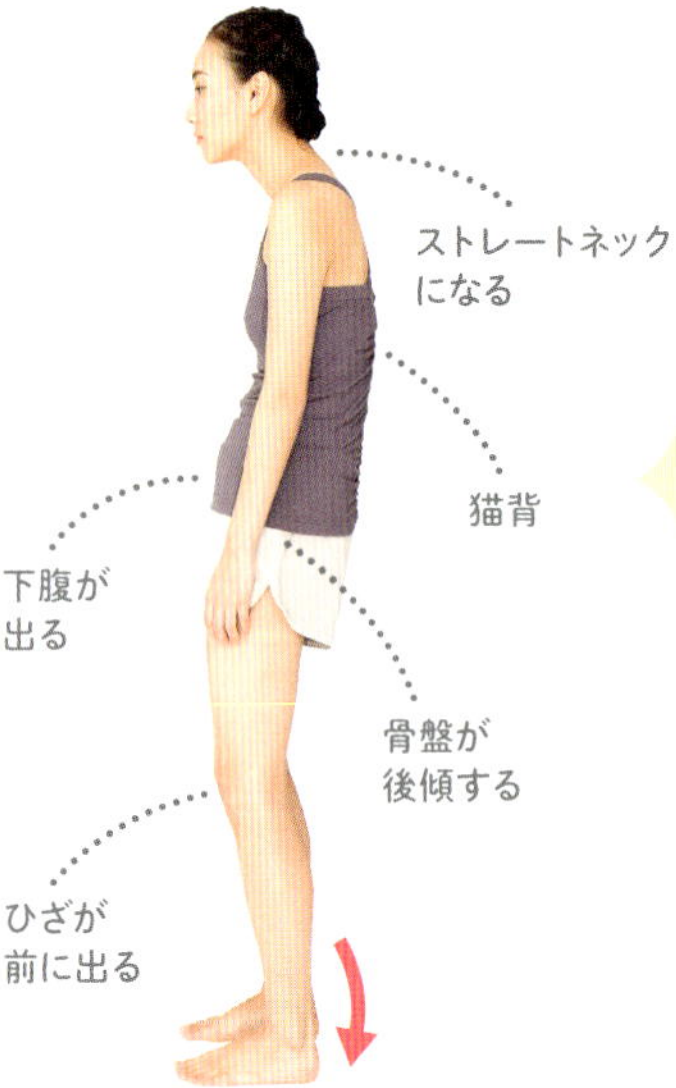

ストレートネック
になる
猫背
下腹が
出る
骨盤が
後傾する
ひざが
前に出る

**骨盤が後傾し
下腹が出る**

骨盤後傾、ストレートネック、猫背などにより、腰痛や首痛、肩こりなどの症状が出ることも。

〈正しい重心の場合…〉

**骨盤の位置が
前後にかたむかない**

筋力がかたよらず、骨格も整いやすい状態のため、下腹も出ず、体の不調も起こりにくい。

〈つま先重心の場合…〉

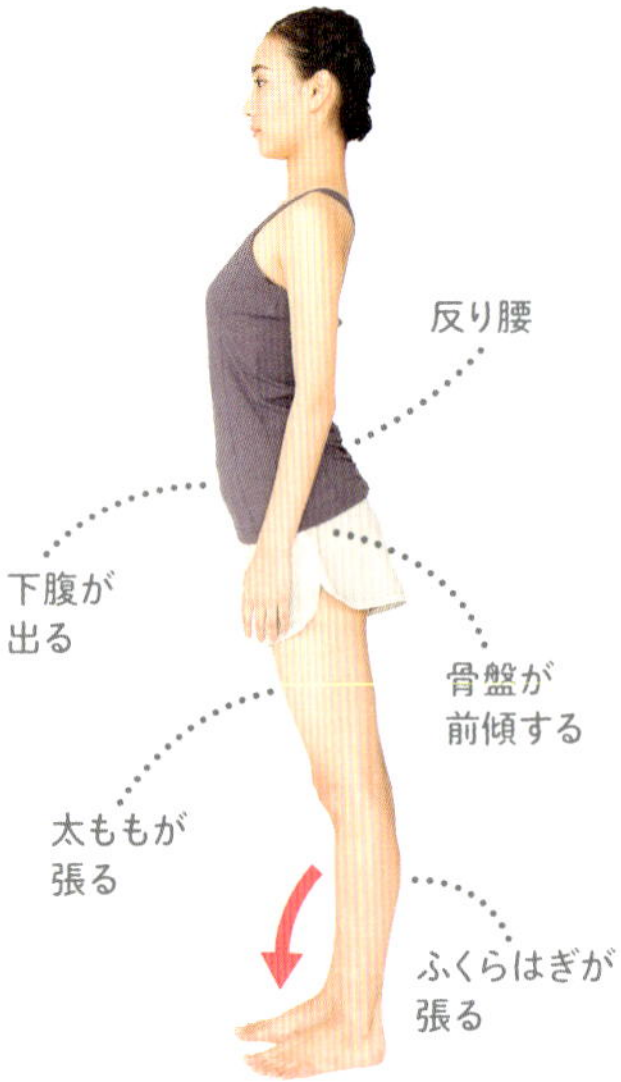

反り腰
下腹が
出る
骨盤が
前傾する
太ももが
張る
ふくらはぎが
張る

**骨盤が前傾し
下腹が出る**

ふくらはぎの張りから冷え性やむくみ、反り腰の影響で腰痛や背中の痛みなどの症状が出ることも。

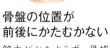

正しい姿勢のとり方

どんな場面でもすぐに正しい姿勢をとれる方法を紹介します。
少し難しいかもしれませんが、スタイルもよく見えます。

一度、腰を反らせて胸を張ってから、腰を少し引く

1 一度腰を反りながら、胸を出す

2 腰を少し引き、首も少し後ろに引く

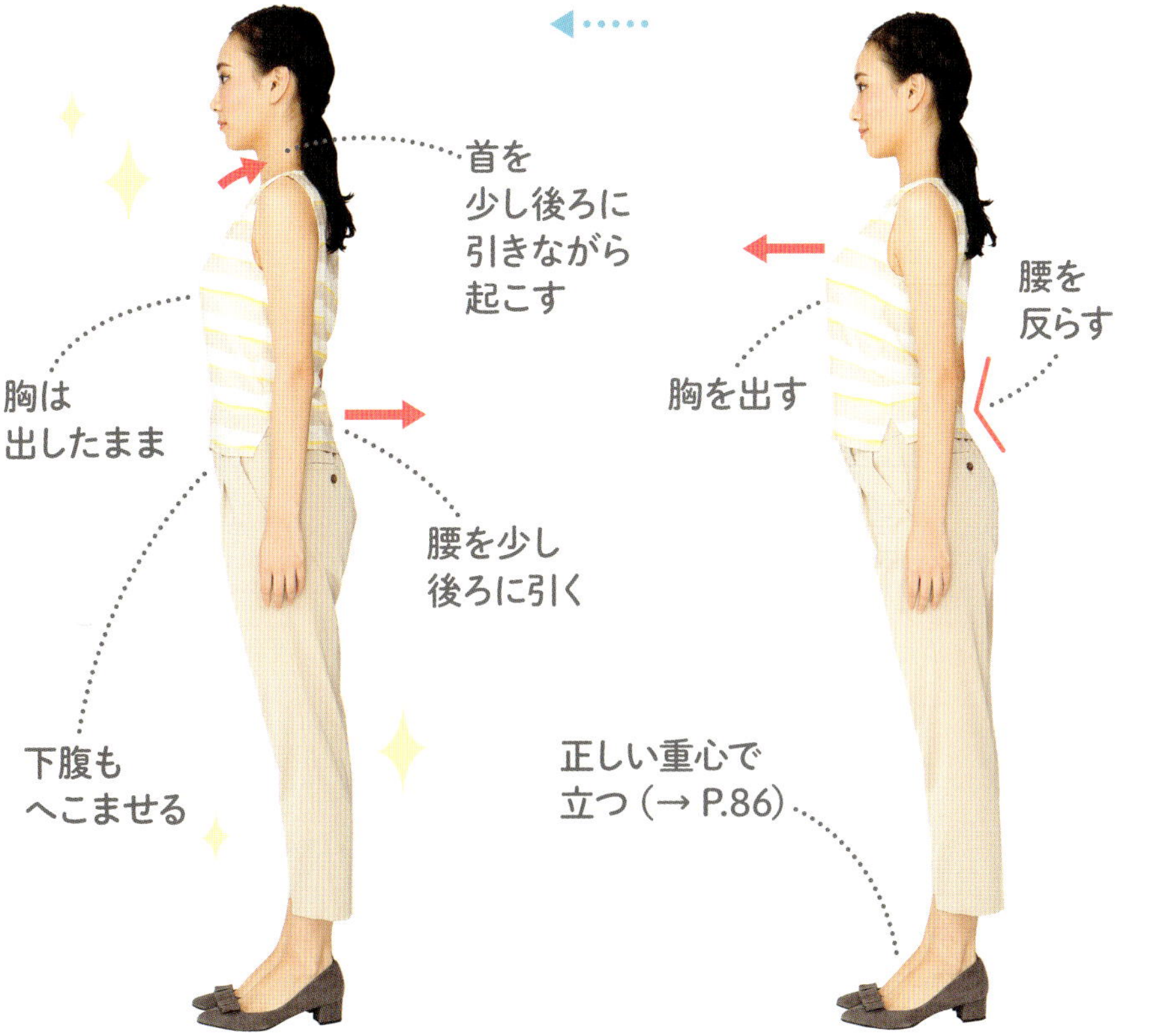

首を
少し後ろに
引きながら
起こす
胸は
出したまま
腰を少し
後ろに引く
下腹も
へこませる
腰を
反らす
胸を出す
正しい重心で
立つ（→ P.86）

ポイント

正しく立てると…
スタイルがよくなる！

胸を出すことで、バストアップして見え、スタイルがよく見える。腰を引くことで腰痛リスクが減り、下腹もへこむ。素早くできる方法なので、ふとした瞬間に気軽に行うことができる。

正しい歩き方

正しい重心と姿勢をマスターできれば、
「遠くを見る」だけで、正しく歩くことができます。

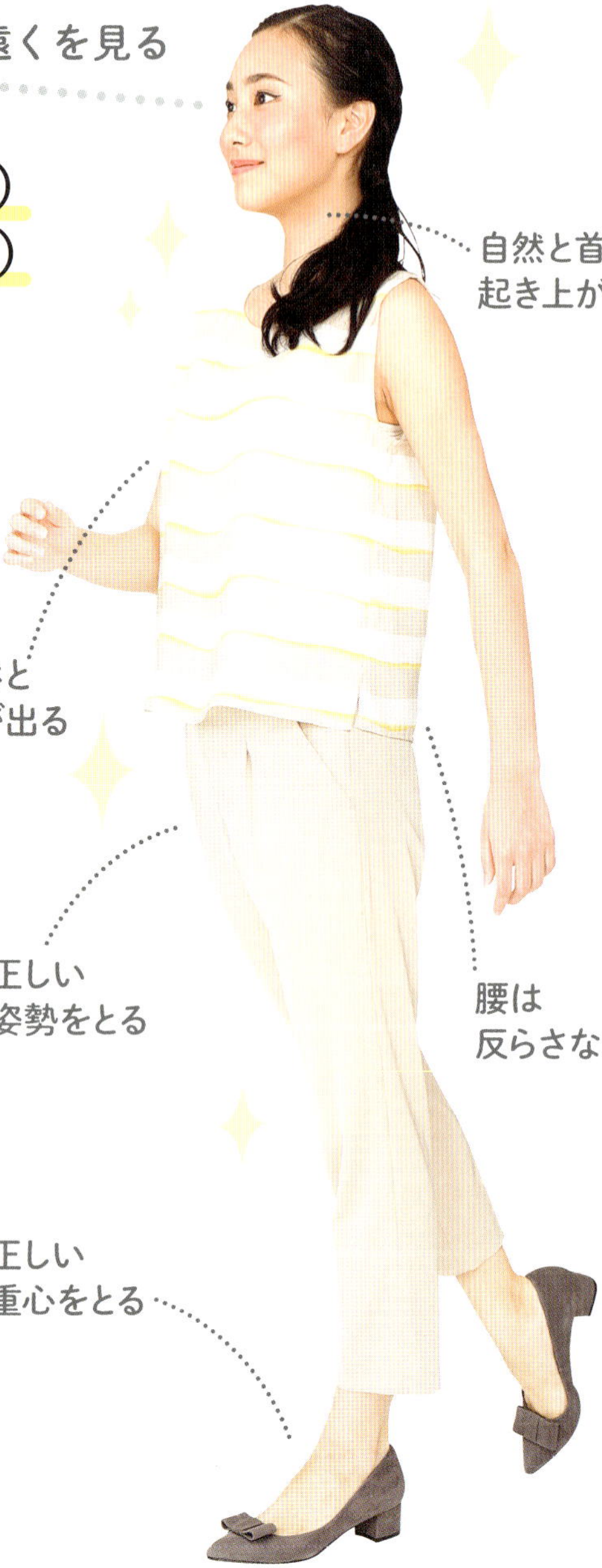
遠くを見る
自然と首が起き上がる
自然と胸が出る
正しい姿勢をとる
腰は反らさない
正しい重心をとる

正しい重心（→ P.86）
正しい姿勢（→ P.87）
をとってから、
遠くを見て歩く

ポイント

胸は張っても…
腰は反らせない！

「遠くを見る」だけで自然と首が起き、胸を張れるが、腰が反りがちになり、骨盤前傾や腰痛の原因になる。そのため、「腰を反らせない」という意識を持つことが大事。

NG!

近くを見て歩くと姿勢が悪くなる

うつむきがちな猫背姿勢になり、骨盤後傾、下腹ぽっこりの原因になる。

正しい座り方

この座り方なら、長時間でも骨盤を正しく立てていられます。
ラクな状態のまま、よい姿勢を保ち、下腹が出るのを防ぎます。

足を前後に置き、意識的に骨盤を立てる。足は疲れたら入れ替える

ポイント

骨盤を立てても…

ラクに座っていられる！

足を前後に置くことによって、体のバランスが前後にかたむくのを防ぎ、骨盤を立てておくことができる。自然と背筋が伸びるので、猫背やストレートネックの予防にもなる。

自然と背筋が伸びる
背もたれは使ってもよい
骨盤を意識的に立てる
足を前後にする
深く座っても浅く座ってもよい
まっすぐ後ろ方向に足を引く

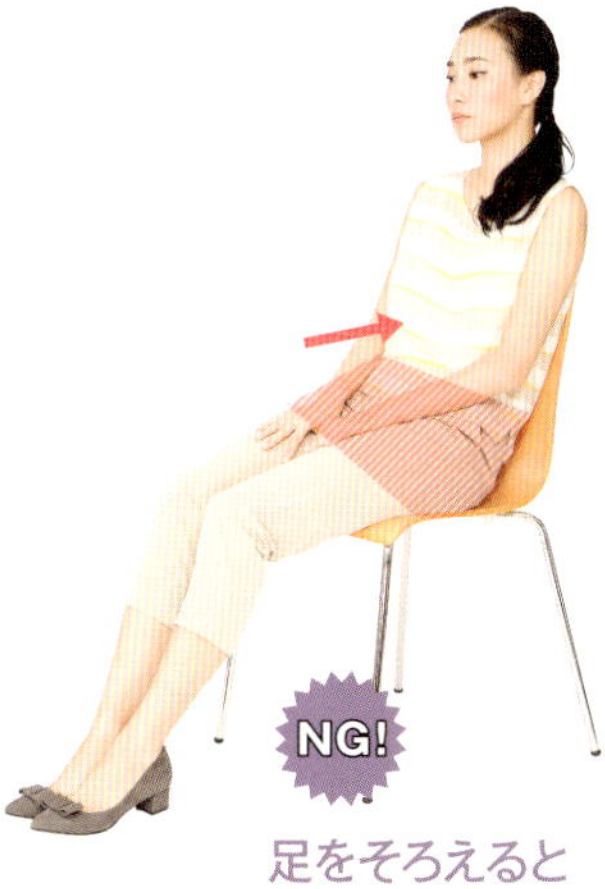

NG!

足をそろえると骨盤が後傾しやすい

「足をそろえて深く腰かける座り方」だと、長時間姿勢をキープするのは難しい。だんだん腰が前に出て、骨盤が後傾しやすくなる。

OK!

足はたまに組んでもよい

長時間でなければ、骨盤がゆがむ影響は少ない。組んでいる間に、足を組み替えるとよい。

正しい食べ方

食べ過ぎると脂肪が増え、下腹が出る原因になります。
自然と食べ過ぎを防ぐ食べ方を見につけましょう。

ダイエットイーティングを取り入れて食べる量の意識改善を！

食べるときは両方の奥歯で同時に噛む

慣れた片方の奥歯だけで
食べ物を噛むと…

奥歯でササっとすりつぶし、ついつい早く飲み込んでしまう。すると、満腹中枢が刺激される前に食べ過ぎてしまう。

慣れない両方の奥歯で
同時に食べ物を噛むと…

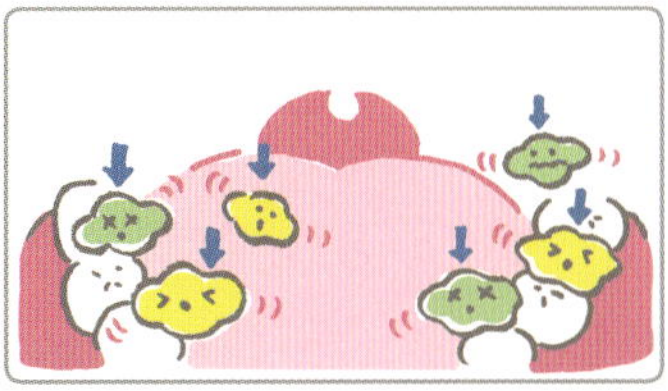

両方の奥歯で噛むとすぐに飲み込めず、たくさん噛むことになる。すると、満腹中枢が刺激され、食べる量が減る。

ダイエットイーティングの方法

食べ物を口に入れたら、食べながらでよいので、
両方のほっぺに食べ物を運び、
両方の奥歯で同時に噛む。

↓ 結果…

**食べる量が少なくなり、
やせることができる！**

両方の奥歯で噛むとどうしてやせる？

大多数の人が、食べるときは噛みやすいほうの奥歯でばかり噛んでいます。あごを横に水平移動させて、奥歯の平らな部分で食べ物を横にすりつぶしてから、のどまで運び、飲み込みます。慣れているので、ついつい早く飲み込んでしまいます。

これを両方の奥歯でやってみると、思った以上に「横のすりつぶし」ができません。あごを縦に動かして食べ物を粉々にする食べ方になるので、必然的にたくさん噛まないといけなくなり、これが満腹中枢を早く刺激することにつながり、いつもより少ない食事量でも満腹になれます。

これを続けると食べ過ぎが防げて、大きくなった胃がだんだんと小さくなり、体重が落ちていきます。

正しい排便習慣

便秘は下腹以外にもさまざまな不調の原因になります。
頑固な便秘を解消しましょう。

自律神経を安定させて
排便を習慣化させる!

あわせてチェック!
下腹ぽっこりの犯人
たまった便とガス
P.22へ

便秘を解消させる４つのアプローチ

ストレスをためない

自律神経を整え、大腸を活発にする

大腸の蠕動運動（→P.23）は、リラックスした状態で活発になる。深呼吸をする、休息をとる、よい睡眠をとるなどして、ストレスを解消するとよい。

便意を記憶させる

決まった時間にトイレに座る

「○○に行くとトイレに行きたくなる…」というように、便意は記憶によってもよおすことが多い。時間を決めてトイレに行き、脳に記憶させる。

大腸を刺激する

大腸を刺激して蠕動運動を促す

腹部を押して大腸を刺激し、たまっている便やガスの排出を促す。P.72 ～の「便秘解消メソッド」も参照。

重量のあるものを食べる

野菜や軽食だけ食べないようにする

重量が軽い食べ物だと便秘は解消されにくい。野菜プラス肉や魚、豆でもよいので、重さのあるものを食べて、便通を促す。

便秘を改善させる鍵 自律神経の安定とは？

便秘を根本的に解決するには、上記に挙げたような便秘解消法を続け、毎日の排便習慣をつけていくこと、そして、腸の蠕動《ぜんどう》運動（→P23）を活発にすることが大切です。

腸の蠕動運動を制御しているのは自律神経（→P49）です。自律神経の副交感神経が優位になったとき、つまりリラックスしているときに蠕動運動は活発になります。

副交感神経を優位にするもっとも簡単な方法は、深呼吸です。ストレスを感じているときは、気づかないうちに呼吸が浅くなっていたり、無意識に呼吸を止めている人が多いのです。1日のうちに何度か、めいっぱい息を吸い、息を吐いてリラックスしましょう。

おわりに

むずかしいことは考えずに
楽しく足ぶみを続けましょう！

本書を読んでいただきありがとうございました！
足ぶみ下腹ダイエットはいかがでしたか？
本書でも何度か言っていますが、
やってみてむずかしく感じたら
とにかく足ぶみをするだけでもOKです！
めんどくさいと感じたら最後、もう続けるのはむずかしくなります。
下腹をへこませることだけを考えて（意識するのは重要なことなので）、
1回30秒、足ぶみをがんばりましょう！
足ぶみ下腹ダイエットをすると、下腹解消のほか、
脚やせ、二の腕やせ、骨盤矯正、
姿勢改善などたくさんいいことがあります！
座ったままでできるので、
いつまでも続けてくださいね。

整体院
「骨と筋」代表
宮腰 圭

足ぶみするだけで
下腹スッキリ!!

宮腰 圭（みやこし・けい）
整体家。骨と筋代表。アカデミー骨と筋主宰。1969年秋田県生まれ。50年代のアメリカに憧れ、テネシー州メンフィスでバンド活動に励んだのち、30歳のときに音楽で生計を立てる道を断念。一転カイロプラクティックの道を志し、日本カイロプラクティックカレッジに入学。2001 年より米国政府公認ドクター中島旻保 D.C. のセンターに勤める。2006年より中目黒にて開業し、2010 年にはスクールを開校。これまで4万人以上の悩みを解決してきた整体師。地方や海外からわざわざ訪れる人も多いため、通院できないクライアントのためにセルフメソッドを多数開発。200 種類以上もの体操を考案しているため、その圧倒的数の多さから「セルフメソッドの発明王」と呼ばれている。著書・監修書に『1 日 10 分歩き方を変えるだけでしつこい肩こりが消える本』（サンマーク出版）、『踏むだけで下腹からやせていく！ エアステッパーダイエット』（宝島社）などがある。
●骨と筋
http://www.pelvickm.com/

STAFF

編集	青木奈保子（五月舎）
デザイン	アチワデザイン室
イラスト	momo irone
モデル	横川莉那（スペースクラフト）
撮影	奥村暢欣
スタイリスト	露木 藍
ヘアメイク	aco（RICCA）
DTP	オノ・エーワン
取材協力	西田和代（プロイデア オフィス） http://proidea-office.co.jp/
衣装協力	ダイアナ（ダイアナ 銀座本店） 03-3573-4005　P.26 グレーパンプス ティアンエクート　0120-918-273　P.26 ボーダーブラウス、ベージュパンツ ヨギー・サンクチュアリ　http://yoggy-sanctuary.com/ P.45 パープルトップス、グレーショートパンツ、P.60 ホワイトトップス、ブルーパンツ

1回30秒！　座ったままやせる！

足ぶみ下腹ダイエット

著　者　宮腰 圭
発行者　池田士文
印刷所　日経印刷株式会社
製本所　日経印刷株式会社
発行所　株式会社池田書店
〒162-0851　東京都新宿区弁天町 43 番地
電話 03-3267-6821（代）／振替 00120-9-60072
落丁・乱丁はおとりかえいたします。

ISBN978-4-262-16562-2

1700011